Simon G. Fauser

# Dienstleistungsmanagement für die Gesundheitsbranche

D1642159

Simon G. Fauser

# DIENSTLEISTUNGSMANAGEMENT FÜR DIE GESUNDHEITSBRANCHE

*ibidem*-Verlag
Stuttgart

**Bibliografische Information der Deutschen Nationalbibliothek**
Die Deutsche Nationalbibliothek verzeichnet diese Publikation in der Deutschen Nationalbibliografie; detaillierte bibliografische Daten sind im Internet über http://dnb.d-nb.de abrufbar.

**Bibliographic information published by the Deutsche Nationalbibliothek**
Die Deutsche Nationalbibliothek lists this publication in the Deutsche Nationalbibliografie; detailed bibliographic data are available in the Internet at http://dnb.d-nb.de.

∞

Gedruckt auf alterungsbeständigem, säurefreien Papier
Printed on acid-free paper

ISBN: 978-3-8382-0511-3
Zweite, überarbeitete Auflage

© *ibidem*-Verlag
Stuttgart 2013

Alle Rechte vorbehalten

Printed in Germany

*„Kundennähe erfordert Distanz zu sich selber."*
Hermann Simon

# Vorwort

Die aktuellen und zukünftigen Herausforderungen im Gesundheitswesen sind ohne Zweifel komplex. Sie gründen dabei nicht allein auf der Fortentwicklung von Diagnose- und Therapieverfahren, sondern werden aktuell in einem recht hohen Maße auch durch die sich in Bewegung befindlichen Rahmenbedingungen und Wettbewerbsaspekte beeinflusst. Limitierte Ressourcen und der resultierende Kostendruck sind für die Erbringer von Dienstleistungen im Gesundheitswesen häufig allgegenwärtig. Konnte man sich in der Vergangenheit als klinisch tätiger Mediziner sehr stark auf die eigentliche ärztliche Tätigkeit konzentrieren, so ist in den vergangenen Jahren der Umfang an administrativen Aufgaben stark gewachsen, wobei auch zunehmend unternehmerische Fähigkeiten gefragt sind. Dies gilt in gleicher Weise auch für die anderen Berufsgruppen, die Leistungen innerhalb des Gesundheitswesens erbringen.

Im vorliegenden Werk von Dr. Simon Fauser erhalten in der Gesundheitsbranche tätige Berufsgruppen den notwendigen Einblick in das Thema des Dienstleistungsmanagements. Die im Buch anschaulich gelungene Darstellung des GAP-Modells von Parasuraman et al. bietet einen Handlungsansatz, um Fallgruben (GAPs) bei der Erbringung entsprechender Dienstleistungen zu erkennen und aufzulösen. So thematisieren die anhand des Modells von Parasuraman et al. beschriebenen „GAPs" zum Beispiel die Qualitätssicherung medizinischer Dienstleistungen, die Voraussetzungen zur Gewinnung fachlich und sozial qualifizierter Mitarbeiterinnen und Mitarbeitern oder aber auch ganz generell Determinanten der Patientenzufriedenheit. Im zweiten Abschnitt des Buchs folgt ein Übungsteil mit Fallstudien, welche die Thematik veranschaulichen und damit einen Transfer der zuvor dargestellten theoretischen Aspekte in die Praxis aufzeigen.

Gerade weil das Thema des vorliegenden Werkes oft nicht zu den zentralen Ausbildungsinhalten der verschiedenen Berufsgruppen im Gesundheitswesen zählt, ist seine Lektüre lohnenswert. Ich wünsche diesem gelungenen Buch eine rege Nutzung sowie seinen Leserinnen und Lesern ein hohes Maß an Erkenntnisgewinn und Spaß bei der Lektüre.

Prof. Dr. med. Andreas M. Nieß
Ärztlicher Direktor, Abteilung Sportmedizin, Medizinische Klinik,
Universitätsklinikum Tübingen

.

Mein besonderer Dank gilt Prof. Nieß für das Vorwort. Mein Dank gilt auch all denjenigen, die Informationen für die Fallstudien bereitgestellt haben.

Mai 2013, Simon G. Fauser

# Inhaltsverzeichnis

# Abbildungsverzeichnis

# Tabellenverzeichnis

# 1 Einleitung

*„Der Wandel von der Industrie- zur Dienstleistungsgesellschaft ist bereits voll- zogen (...)."* Mit diesem Zitat von Bruhn & Meffert (1998) wird deutlich, wie stark sich der tertiäre Sektor in den letzten Jahrzehnten entwickelt hat. Außer- dem belegen zahlreiche Statistiken wie das OECD Factbook (OECD 2010a) die zunehmende Relevanz von Dienstleistungen in unserer heutigen Gesellschaft. Demnach stieg OECD-weit der Anteil der Bruttowertschöpfung des Dienstleis- tungssektors an der Gesamtwertschöpfung von 67,7 % in 1990 auf 72,2 % in 2008. Auch bei Industrieunternehmen werden Produkte zunehmend mit Services verkauft, um bei gesättigten Märkten Umsatzpotenziale zu entwickeln, aber auch, um die Kunden an das Unternehmen zu binden. Kundenzufriedenheit und Kundenbindung zählen laut Haufe (2009) zu den langfristigen Erfolgsfaktoren eines Unternehmens. Professionelles Dienstleistungsmanagement ist folglich ei- ne absolute Notwendigkeit.

Neben der zunehmenden Relevanz des Dienstleistungssektors, nimmt die Ge- sundheitsbranche oder synonym Gesundheitswirtschaft[1] weiter an Bedeutung zu. In den letzten 15 Jahren sind die Gesundheitsausgaben in nahezu allen OECD- Ländern stärker gestiegen als die Gesamtwirtschaft (OECD 2010b). In Deutsch- land betrugen diese bereits 2008 über 10 % der Gesamtwirtschaftsleistung. Bis 2050 könnten die Gesundheitsausgaben OECD-weit um weitere 50 % bis 90 % steigen. Triebkräfte für den Anstieg der Gesundheitsausgaben sind der technolo- gische Wandel, die Bevölkerungsentwicklung, steigende Einkommen und in un- terschiedlichem Grad das Altern der Bevölkerung.

Diese Entwicklungen generieren für das Dienstleistungsmanagement von Unter- nehmen der Gesundheitsbranche viele Veränderungen: Neue Märkte entstehen, Kundengruppen werden heterogener und Kundenbedürfnisse ändern sich, wer- den anspruchsvoller. Die steigenden Ansprüche des Patienten kommen durch die Entwicklung vom ehemals unmündigen Nachfrager zum informierten, mitbe-

---

[1] Die Organisation für wirtschaftliche Zusammenarbeit und Entwicklung (OECD) definiert Gesundheitsleistungen, als Basis der Gesundheitswirtschaft, als „Aktivitäten oder Güter, die von Einrichtungen oder Individuen durchgeführt oder bereitgestellt werden, und die dabei medizinisches, hilfsmedizinisches oder pflegerisches Wissen oder die dafür erforder- lichen Technologien verwenden" (Statistisches Landesamt Baden-Württemberg 2011).

stimmenden Kunden zum Ausdruck (Bienert 2004). Zudem stellt die besondere Zusammensetzung der Akteure von Patienten/Kunden, Dienstleistern und „Zahlern" – privat wie öffentlich – die Branche seit jeher vor Herausforderungen. Dies bedeutet: Die Komplexität für Dienstleistungsunternehmen steigt; immer „schneller, höher, weiter" fordert der Kunde. Das Wettbewerbsdenken nimmt aufgrund der Ökonomisierung zu. Denn der Staat – welcher den Großteil der Gesundheitsausgaben finanziert – steht den immer anspruchsvolleren Kunden mit einer chronisch werdenden Budgetknappheit gegenüber. Laut einer aktuellen Studie droht 200 Krankenhäusern in Deutschland die Schließung (RWI 2011). Nur Dienstleistungsunternehmen der Gesundheitsbranche, die ihre Dienstleistung professionell managen, sind in der Lage, diese zunehmend härteren Bedingungen erfolgreich zu meistern.

Hierfür bietet das GAP-Modell, von Parasuraman et al. (1985) entwickelt, das im ersten Teil des Buches vorgestellt wird, eine im Dienstleistungsmanagement bewährte Hilfestellung. Das Modell behandelt fünf Hauptlücken, GAP 1 bis GAP 5. Diese gilt es für das Dienstleistungsmanagement zu schließen, um Dienstleistungsqualität und schließlich Kundenzufriedenheit zu erreichen.

Zunächst führt Kapitel zwei in das Dienstleistungsmanagement ein, bevor Kapitel drei dann das GAP-Modell als Ganzes vorstellt. In den folgenden Kapiteln werden die einzelnen GAPs jeweils kurz vorgestellt, Hauptursachen für ihr Auftreten angeführt und schließlich Instrumente zu ihrer Schließung benannt. Aufgrund der großen Heterogenität der Akteure in der Gesundheitsbranche und ihrer unterschiedlichen Ressourcenverfügbarkeit sowie staatlichen Regulierungen sind manche Instrumente eher für diesen, andere eher für jenen Akteur passend anwendbar. Die Instrumente dienen dabei für den einzelnen Akteur eher als Anregung anstatt als strikte Handlungsanweisung. Kapitel für Kapitel, GAP für GAP ergeben sich so Ansatzpunkte, wie Dienstleistungen verbessert werden können. Beispiele beziehen sich dabei auf die Gesundheitsbranche. Eine Zusammenfassung schließt die Kapitel zum GAP-Modell ab und leitet zum zweiten Teil, dem Übungsteil des Buches, über. Im Übungsteil dienen Fallstudien dazu, das GAP-Modell an konkreten Beispielen aus der Gesundheitsbranche anzuwenden. Somit kann der Leser das erworbene Wissen vertiefen und weitere Ansatzpunkte zur Verbesserung der eigenen Gesundheitsdienstleistung erarbeiten.

Das Buch ist gleichermaßen für Lehrende wie Studierende in der Gesundheits-branche – etwa zur Begleitung eines Kurses im Dienstleistungsmanagement – hilfreich, als auch für in der Gesundheitsbranche Tätige.

.

# 2 Einführung in das Dienstleistungsmanagement

Dieses Kapitel führt den Leser in das Dienstleistungsmanagement ein. Zunächst werden grundlegende Begriffe und Eigenschaften definiert. Zudem werden das Dienstleistungsmarketingdreieck und die 7Ps des Dienstleistungsmarketings erläutert.

## 2.1 Die Begriffe „Dienstleistung" und „Dienstleistungsmanagement"

Dem Begriffsinhalt des Wortes „Dienstleistung" kommt die englische Übersetzung – „to serve, service" – am nächsten. Der Ursprung des Wortes ist allerdings aus dem Französischen abzuleiten. „Dienste leisten", „Kundendienst" und „Kundenbetreuung" beschreiben am besten das wirtschaftliche Verständnis, jemandem etwas Nützliches zu tun und ihn gut zu bedienen (vgl. Hassdenteufel 2001). Unter Dienstleistungsmanagement verstehen wir folglich das „Planen, Steuern und Überwachen" von Dienstleistungen. Wir verwenden die Begriffe Dienstleistungsmanagement und Servicemanagement synonym.

Anstelle des in der Gesundheitsbranche überwiegend verwendeten Begriffs Patient – von lat. Passio, das Leiden – wird hier bewusst vom Kunden gesprochen. Dies soll, wie in der Einleitung bereits erwähnt, den Wandel des Patientens vom unmündigen Nachfrager zum informierten, mitbestimmenden Kunden unterstreichen. Zudem soll so die damit notwendige Änderung der Denkhaltung des Dienstleisters hin zu einer „der Kunde ist König"-Haltung und somit zu einer umfassenden Servicehaltung des Dienstleisters ausdrücken.

## 2.2 Eigenschaften von Dienstleistungen

Produkte und Dienstleistungen weisen nach Zeithaml et al. (2006) folgende Unterscheidungsmerkmale auf.

| Sachgüter | Dienst-leistungen | Besonderheiten |
|---|---|---|
| materiell | immateriell | DL können nicht inventarisiert werden<br>DL können nicht ausgestellt werden<br>Schwierige Preisfindung |
| standar-disiert | heterogen | Das Verhalten der Mitarbeiter beeinflusst die DL und die Kundenzufriedenheit in hohem Maße<br>Die Qualität der DL hängt von vielen unkontrollierbaren Faktoren ab<br>Es ist ungewiss, dass die erbrachte DL mit der geplanten übereinstimmt |
| Sachgüter | Dienst-leistungen | Besonderheiten |
| Produk-tion und Konsum getrennt | Produk-tion und Konsum simultan | Die Kunden nehmen an der Transaktion teil und beeinflussen sie<br>Die Kunden beeinflussen sich gegenseitig<br>Die Mitarbeiter bestimmen den Dienstleistungs-Output<br>Dezentralisierung kann essenziell wichtig sein |
| lagerfähig | nicht lagerfähig | Massenproduktion schwierig<br>Abstimmung von Angebot und Nachfrage schwierig<br>DL können nicht zurückgegeben oder weiterverkauft werden |

Tabelle 1:     Unterscheidungsmerkmale von Sachgütern und Dienstleistungen (Quelle: Zeithaml et al., 2006, 22)

Insbesondere die Gleichzeitigkeit von Produktion und Konsum stellt an den Dienstleister höchste Ansprüche, da der Kunde einen möglichen Fehler sofort bemerken kann und dieser nicht durch ein Qualitätsmanagement – wie bei einem Produkt vor dessen Auslieferung – noch ausgebessert werden kann.

Neben den Unterschieden zu Sachgütern, unterscheiden sich Dienstleistungen auch untereinander in der Art der Erbringungsweise. Es gibt persönliche und automatisierte Dienstleistungen sowie eine Kombination von beiden. Die folgende Tabelle gibt darüber Aufschluss.

| Dienstleis-tungsarten | Eigenschaften | Beispiele |
|---|---|---|
| persönlich erbrachte DL | • Menschliche Leistungsfähigkeit<br>• Integration des externen Faktors | • Ärztl. Untersuchung<br>• Rechtsberatung<br>• KFZ-Reparatur<br>• Theatervorführung<br>• Friseur |
| (voll-) automa-tisierte DL | • Totaler Ersatz menschlicher durch maschinelle Leistungsfähigkeit<br>• zeitlich synchrone (direkte) Kon-kretisierung der internen Faktoren am externen Faktor während der Leistungsabgabe | • Autowaschanlage<br>• Schuhputzautomat<br>• Telefonansagedienst<br>• Fahrzeugkontrolle<br>• Fehlerdiagnosegeräte |
| (voll-) veredelte DL | • Menschliche Leistungsfähigkeit bleibt erkennbar und wird getrennt honoriert<br>• Materialität des Objektverbunds<br>• Zeitlich getrennte (indirekte) Kon-kretisierung der internen Faktoren durch Speicherung<br>• Multiplikations- und Reprodukti-onsmöglichkeit ohne Neueinsatz der internen Faktoren | • Musik-Schallplatte<br>• Compact Disc einer Konzertveranstaltung<br>• Videoaufzeichnung eines Balletts |

Tabelle 2: Persönliche und automatisierte Dienstleistungen (Quelle: Niess et al. 2006a, 4)

Insbesondere bei den persönlich erbrachten Dienstleistungen ist die menschliche Leistungsfähigkeit des Dienstleisters und dessen Integration des externen Faktors – des Kunden – ausschlaggebend. Sehr häufig ist dies bei Dienstleistungen in der Gesundheitsbranche wie etwa bei ärztlichen Untersuchungen oder physio-therapeutischen Anwendungen der Fall. Die individuelle Integration des exter-nen Faktors – des Kunden – ist umso wichtiger, je mehr die Dienstleistung einer High-involvement-Dienstleistung entspricht, je mehr der Kunde also von sich Preis gibt – bspw. sensible Beschwerden – oder je höherpreisig die Dienstleis-tung ist.

Dieser Aspekt wird im nächsten Kapitel anhand des Servicemarketingdreiecks veranschaulicht.

## 2.3 Das Servicemarketingdreieck

Jede Dienstleistung – sei sie nun persönlich erbracht, vollautomatisiert oder voll-veredelt – setzt einen anderen Schwerpunkt in der Dreiecksbeziehung zwischen Management, Mitarbeiter und Kunde. Aufgrund der herausgehobenen Stellung des Kunden, unter anderem durch Mitwirken bei der Leistungserbringung, kommt dem Marketing beim Management von Dienstleistungen eine besondere Stellung zu. Das Dienstleistungsmanagement besteht deshalb insbesondere aus dem Dienstleistungsmarketing.

Marketing ist als eine *„integrierte, marktorientierte Führungskonzeption zu verstehen, die sowohl eine funktionsbezogene (Marketing als nachfragesteuernde Aufgabe) als auch funktionsübergreifende Dimension (Marketing als Management von Wettbewerbsvorteilen) beinhaltet"* (Meffert & Burmann & Kirchgeorg 2008, 12).

Was dies für das Dienstleistungsmarketing bedeutet, lässt sich an der Beziehung zwischen Management, Mitarbeiter und Kunde anhand des untenstehenden Dienstleistungsmarketingdreiecks deutlich machen.

Abbildung 1:     Das Servicemarketingdreieck (Quelle: Zeithaml et al. 2006, 16)

Die Aufgabe des Managements ist es, externe Zusagen an den Kunden über die angebotene Dienstleistung zu machen (Externes Marketing) und die Mitarbeiter dazu zu befähigen, die Einhaltung dieser Zusagen zu ermöglichen (Internes Marketing). Die Mitarbeiter setzen dann die vom Management gemachten Zusagen im Rahmen der Dienstleistung am Kunden um (Interaktives Marketing).

Je mehr es sich nun um eine persönlich-erbrachte, High-involvement-Dienstleistung handelt, desto wichtiger ist der Schenkel des Dreiecks „Internes Marketing". Da sehr viele Dienstleistungen der Gesundheitsbranche persönlich erbracht werden und eine hohe Relevanz für den Kunden haben – eigene Gesundheit –, also „high involvement" sind, ist der Punkt „Zusagen einlösen" in der Gesundheitsbranche so wichtig. Daraus ergibt sich die gewichtige Rolle des Mitarbeiters in vielen Dienstleistungen der Gesundheitsbranche. Stellen Sie sich zur Verdeutlichung eine vollautomatisierte Dienstleistung vor. Hier gibt es keine Mitarbeiter, diese werden durch Maschinen ersetzt und das Servicemarketing-dreieck wird zu einer Zwei-Punkte-Beziehung zwischen Management und Kunden mit der Aufgabe „Zusagen machen" und „Zusagen einlösen". Beispiel für die Gesundheitsbranche wäre ein „Pflegeroboter", wie im folgenden Absatz beschrieben.

„[…] Ich war erstaunt, wie unvoreingenommen die dementen Bewohner auf die Roboter reagiert haben', berichtete die Ergotherapeutin Elisabeth Rippel und fügte hinzu: Der Care-o-bot 3 habe ‚etwas Sympathisches', das Senioren und Pfleger gleichermaßen anspreche. Was der Serviceroboter, an dem das Fraunhofer-Institut für Produktionstechnik und Automatisierung (IPA) seit zwölf Jahren arbeitet, bisher kann, ist einiges: Wasser reichen, sprechen, Hindernissen ausweichen, Menschen dank eingespeicherter Fotos erkennen, dokumentieren, welcher Bewohner wie viele Becher Wasser bekommen hat und bei entsprechender Eingabe des Pflegepersonals auch noch singen. Freddy Quinns Ohrwurm ‚Junge [sic] komm bald wieder' etwa, dessen Text auch vielen dementen Senioren im Parkheim noch präsent ist." (Stuttgarter Zeitung, 2011)

Neben solch neueren Entwicklungen wie dem Care-o-bot 3 bestehen bereits seit Jahrzehnten etliche technische Unterstützungssysteme bei der Erbringung von Dienstleistungen in der Gesundheitsbranche. Beispiele sind Thermometer, Röntgengeräte oder Elektrotherapiegeräte. Die unterstützende Wirkung der Technologie wird in der untenstehenden Abbildung dargestellt.

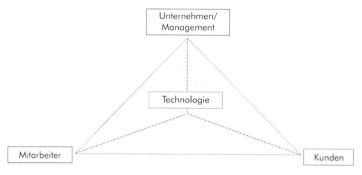

Abbildung 2:     Das Servicemarketingdreieck mit Technologie als 4. Dimension (Quelle: Zeithaml et al. 2006, 44)

Die moderne Technologie kann also dabei unterstützen, die Eckpunkte miteinander zu verbinden. Das Dienstleistungsmarketing kann durch die Technologie unterstützt werden, wird aber durch die technologische Veränderung auch einem ständigen Wandel unterzogen.

Wie bereits in der Abbildung „Unterscheidungsmerkmale von Sachgütern und Dienstleistungen" angeführt, nehmen bei Dienstleistungen im Gegensatz zu Sachgütern die Kunden an der Leistungserbringung teil und beeinflussen diese. Mit den Auswirkungen auf den Marketing-Mix befasst sich das folgende Kapitel.

## 2.4   Die 7Ps des Dienstleistungsmarketings

Das Marketing von Sachgütern orientiert sich meist an den sogenannten 4Ps (vgl. Niess et al. 2006a):

**Product** (Festlegung der physischen Produkteigenschaften, des Qualitätsniveaus, der Verpackung, der Gewährleistung, des Sortiments und der Marke)

**Place** (Festlegung des Vertriebswegs, der Darbietung des Produkts, der Vermittler, des Transports, der Lagerung sowie das Management der Vertriebskanäle)

**Promotion** (Festlegung des Kommunikations-Mixes, der Verkäufer, der Werbung, der Verkaufsförderung und der Public Relation) sowie

**Price** (Preisniveau, Preisflexibilität, Konditionen, Preisdifferenzierung, Rabatte und sonstige Nachlässe).

Aufgrund der beschriebenen Unterschiede zu Produkten haben manche Teilaufgaben des Marketings bei Dienstleistungen eine höhere Bedeutung. Das interaktive Marketing führt zu einer höheren Relevanz der Mitarbeiter mit Kundenkontakt bei der Leistungserstellung. Damit setzt sich das P – *People* auseinander. Der Kunde wird in den „Echtzeit"-Dienstleistungsprozess miteinbezogen. Damit befasst sich das P – *Profess*. Die Dienstleistung ist immateriell – dem Kunden fehlt also teils die haptische Wahrnehmung. Das versucht das P – *Physical Evidence* zu minimieren. In Summe führt dies zur Ausweitung der 4Ps des Sachgütermarketings zu 7 Ps des Dienstleistungsmarketings. Die zusätzlichen Ps sind (vgl. Niess et al. 2006a):

**People** (Rekrutierung, Motivation, Entlohnung und Training der Mitarbeiter insbesondere in Richtung Teamarbeit und Kundenbindung, Kommunikation von Kultur und Werten, Mitarbeiterbefragung)

**Profess** (standardmäßiger/individueller Ablauf der Aktivitäten, Anzahl der Schritte im einfachen oder komplexen Fall, Ausmaß der Einbeziehung der Kunden)

**Physical Evidence** (Gestaltung der Geschäftsräume nach Optik, Funktion, Ambiente, Ausstattung, Wegweisung, Kleidung der Mitarbeiter, Berichte, Visitenkarten, Garantien)

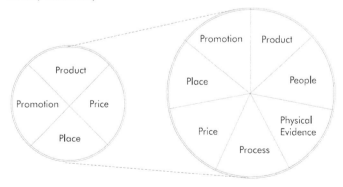

Abbildung 3:    Erweiterung des Marketing-Mixes: Aus 4P werden 7P (Quelle: Zeithaml et al. 2006, 26)

Nach der Einführung des Marketing-Mixes in diesem Unterkapitel befasst sich das folgende mit den Besonderheiten des Marketings im Gesundheitsbereich.

## 2.5 Besonderheiten des Gesundheitsmarketings

Dieses Unterkapitel behandelt ausgewählte Aspekte des Gesundheitsmarketings, die sich aufgrund des besonderen Gutes „Gesundheit" und folglich der gesetzlichen Regelungen ergeben.[2]

Zunächst wird im Abschnitt Prozess der gesundheitlichen Versorgung ein Überblick gegeben und an diesem Prozess beteiligte Leistungserbringer wie -finanzierer angeführt. Anschließend wird das umfangreiche Spektrum der Anspruchsgruppen aufgezeigt. Und schließlich folgt eine Erläuterung der Freiheitsgrade der operativen Ausgestaltung des Marketing-Mixes für zwei exemplarische Leistungserbringer, nämlich Krankenhäuser und Arztpraxen.

### Prozess der gesundheitlichen Versorgung

Aus Sicht des Kunden besteht der Prozess der gesundheitlichen Versorgung aus Vorsorge, Diagnose und Therapie sowie Nachsorge. Entlang dieses Prozesses ist er je nach Phase mit unterschiedlichen Leistungserbringern und Versorgern in Kontakt.

---

[2] Die Ergebnisse des folgenden Abschnitts sind ganz überwiegend dem Artikel „Healthcare Marketing – eine kritische Reflexion" aus Meffert & Rohn 2011, abgedruckt in Marketing Review St. Gallen 6 | 2011 entnommen.

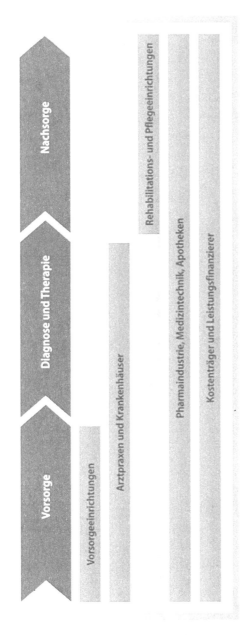

Abbildung 4: Prozess der gesundheitlichen Versorgung (Quelle: Meffert & Rohn 2011, 9)

Dabei kann sich das Marketing – wie in der Definition erwähnt – auf die funktionale Sicht einzelner Leistungserbringer, wie bspw. des Apothekenmarketings, beziehen, oder eben auch auf den Gesamtprozess der gesundheitlichen Versorgung. Sehen sich die Akteure als Teil des Gesamtprozesses, so bietet ein gemeinsames Marketing von Akteuren sich ergänzender Prozessschritte wie „Arztpraxen und Krankenhäuser" (Vorsorge, Diagnose & Therapie) und „Rehabilitations- und Pflegeeinrichtungen" (Nachsorge) besondere Chancen. Dabei ergibt sich eine umso größere Komplexität, je größer das Spektrum der Anspruchsgruppen der einzelnen Akteure ist. Der folgende Abschnitt zeigt das große Spektrum der Anspruchsgruppen am Beispiel von Krankenhäusern und Arztpraxen.

**Spektrum an Anspruchsgruppen**

Die Besonderheiten des Gesundheitsbereiches bedingen ein vielfältiges Spektrum an Anspruchsgruppen des Marketings von Krankenhäusern und Arztpraxen. Als wesentliche Zielgruppen sind

- aktuelle und potenzielle Kunden (d.h. Patienten, Angehörige und zuweisende Ärzte),

- Mitarbeitende, Kostenträger und Leistungsfinanzierer sowie

- die Öffentlichkeit (Verbände, Politik, Medien) zu betrachten (Ennker & Pietrowski 2009).

Darüber hinaus sind Beziehungen zu den Kassenärztlichen Vereinigungen und Ärztekammern sowie, je nach Trägerschaft eines Krankenhauses, zu Shareholdern von privaten Klinikketten oder der Forschungsgemeinschaft von Unikliniken zu pflegen. Ebenso sind medizinische und soziale Versorgungseinrichtungen als mögliche Kooperationspartner sowie Pharmaunternehmen und Medizintechnikhersteller als Bereitsteller von Arzneimitteln und technischen Geräten zu berücksichtigen.

Die folgende Grafik stellt die genannten Anspruchsgruppen des Gesundheitsmarketings dar. Diese sind in die gesetzlichen Rahmenbedingungen wie etwa dem Sozialgesetzbuch (SGB), der Musterberufsordnung für Ärzte (MBO) oder dem Heilmittelwerbegesetz (HWG) und den ethischen Grundsätzen wie die des hippokratischen Eids (der Arzt muss die Interessen der Patienten über die eigenen, auch finanziellen Interessen stellen) und der „Gesundheit als höchstes Gut" eingerahmt.

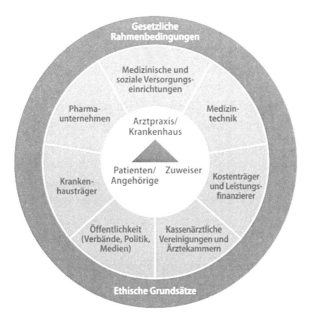

Abbildung 5:    Anspruchsgruppen des Gesundheitsmarketings (Quelle: Meffert & Rohn 2011, 10)

Es ist Aufgabe des Gesundheitsmarketings, relevante Informationen über die verschiedenen Anspruchsgruppen und Rahmenbedingungen zu erlangen (Meffert 2009). Sie bilden die Grundlage für Markt- und Absatzprognosen und die Ausrichtung der Marketingmaßnahmen auf die Zielgruppen. Hierzu können vielfältige Messinstrumente eingesetzt werden: So dienen Befragungen von Patienten und zuweisenden Ärzten über Bekanntheit, Einstellungen, Image, Zufriedenheit und Weiterempfehlungsverhalten bspw. dazu, Verbesserungspotenziale des Krankenhauses oder der Arztpraxis aufzudecken. Die Segmentierung der Bedürfnisse und Erwartungen von Patienten (z. B. nach Gesundheitsorientierung, Informationsverhalten und Risikobewusstsein) ermöglicht eine zielgruppengerechte Ansprache.

**Freiheitsgrade des Marketing-Mixes**

Neben der strategischen Relevanz der Positionierung durch eine starke Marke und dem Ausbau an Netzwerken, ist die operative Umsetzung anhand der Instrumente des Marketing-Mixes für das Gesundheitsmarketing entscheidend. Der Großteil leistungspolitischer Maßnahmen ist stark reglementiert. Für das Angebot und die Gestaltung von medizinischen Kernleistungen, die von der Krankenversicherung abgedeckt werden, liegen gesetzliche Bestimmungen vor, sodass hier der Spielraum für Marketingmaßnahmen begrenzt ist. Im Bereich der Zusatzleistungen, also der Leistungen, die nicht zum Spektrum der gesetzlichen Krankenversicherung zählen und vom Patienten selbst zu tragen sind, eröffnen sich dagegen vielfältige Möglichkeiten. Vor allem prophylaktische Leistungen, d. h. Beratungsleistungen und für den Erhalt der Gesundheit erforderliche Maßnahmen (z. B. Stressbewältigungstherapien oder Ernährungsberatungen), bieten Ansätze, um sich Vorteile gegenüber dem Wettbewerb zu verschaffen (Oehme & Oehme 2001). Dies gilt insbesondere vor dem Hintergrund einer steigenden Gesundheitsorientierung in der Bevölkerung (Reinecke et al. 2011). Darüber hinaus besteht die Möglichkeit, sich durch das Angebot von besonderen Serviceleistungen, bspw. Freizeitangeboten in einem Krankenhaus oder einem Patientenabholservice einer Arztpraxis, von der Konkurrenz abzugrenzen.

*Preispolitik*

Auch im Rahmen der Preispolitik sind medizinischen Versorgern aufgrund der gesetzlichen Preisbestimmungen tendenziell niedrige Freiheitsgrade gegeben. Der Schwerpunkt kontrahierungspolitischer Maßnahmen liegt daher in den Budgetverhandlungen mit Krankenkassen. Einen größeren Spielraum für preispolitische Entscheidungen bieten Selbstzahlerleistungen. Hierzu zählen Serviceleistungen sowie die sogenannten „IGeL-Leistungen" (individuelle Gesundheitsleistungen), auch wenn letztere ebenfalls der ärztlichen Gebührenordnung unterliegen (Ennker & Pietrowski 2009).

*Kommunikationspolitik*

Tendenziell mehr, wenn auch begrenzte Freiheitsgrade haben medizinische Leistungsanbieter im Rahmen kommunikationspolitischer Maßnahmen. Zwar setzen gesetzliche Regulierungen wie die Musterberufsordnung für Ärzte (MBO) oder das Heilmittelwerbegesetz (HWG) Krankenhäusern und Arztpraxen bei der Nutzung klassischer Werbung auch hier Grenzen (Elste 2004). Dennoch steht eine Vielzahl an Kommunikationsinstrumenten zur Verfügung, die effizient für die Steigerung des Bekanntheitsgrades oder zur Image-Profilierung genutzt werden können. So bieten Informationsbroschüren, Branchenbucheinträge oder Events bspw. eine wertvolle Plattform für die Präsentation des Leistungsangebotes. Auch und insbesondere der Online-Kommunikation kommt eine steigende Bedeutung zu. Die Entwicklungen in der Kommunikations- und Informationstechnologie schaffen neue Möglichkeiten der Informationsbeschaffung für Patienten und Ärzte und der Interaktion zwischen den einzelnen Anspruchsgruppen im Rahmen des Web 2.0 (Fauser 2010; Thielscher & Jäschke & Sommerhoff 2010; Linzbach & Ruß & Ohmann 2001).

*Distributionspolitik*

Im Bereich der Distributionspolitik gelten für medizinische Leistungen ebenfalls besondere Bedingungen. Aufgrund der Nichttransportfähigkeit stehen Erreichbarkeit und der Zugang des Patienten zur Leistung im Fokus der Distributionspolitik medizinischer Dienstleister. In diesem Zusammenhang sind Standortentscheidungen von besonderem Interesse (Oehme & Oehme 2001). Daneben gewinnt das Angebot mobiler Dienste an Relevanz. Als Distributoren nehmen insbesondere bei Krankenhäusern zuweisende Ärzte einen hohen Stellenwert ein. Im Rahmen eines Zuweisermarketings sind Kontakte zu einweisenden Ärzten aufzubauen und zu pflegen (Ennker & Pietrowski 2009). Jüngste Entwicklungen zeugen zudem von einer Zunahme an Filialsystemen und Franchise-Konzepten. Eine bislang wenig verbreitete Form der Distribution besteht hingegen im Online-Vertrieb medizinischer Leistungen. Die Telemedizin ermöglicht es unter Zuhilfenahme moderner Informations- und Kommunikationstechnologien u. a., Diagnose- und Beratungsleistungen online zu erstellen (Trill 2009).

*Ausstattungspolitik*

Tendenziell mittlere Freiheitsgrade sind auch bei ausstattungspolitischen Maßnahmen von Krankenhäusern und Arztpraxen zu verzeichnen. Während für das Angebot medizinischer Leistungen bestimmte technische Voraussetzungen vorgeschrieben sind, kann die Gestaltung der Räumlichkeiten – bspw. durch Schaffung einer angenehmen Atmosphäre – zur Steigerung der Patientenzufriedenheit beitragen.

*Personal- und Prozesspolitik*

Die tendenziell höchsten Freiheitsgrade medizinischer Dienstleister können in der Personal- sowie Prozesspolitik identifiziert werden. Der Personalpolitik kommt in der Medizin eine Schlüsselrolle zu. Die Leistungsfähigkeit eines Krankenhauses oder einer Arztpraxis hängt in hohem Maß von den Fähigkeiten des ärztlichen und nicht-ärztlichen Personals ab. Hierbei sind neben fachlichen auch soziale Fähigkeiten bedeutsam – insbesondere dann, wenn diese als Qualitätsindikator medizinischer Leistungen fungieren. Die Arzt-Patient-Beziehung oder das Konzept des „Shared Decision Making" gewinnen in diesem Zusammenhang auch in der Wissenschaft an Bedeutung (Benkenstein & Uhrich 2010). Darüber hinaus nehmen Mitarbeiter eine Rolle als Markenbotschafter ein, indem sie die Markenwerte des Krankenhauses oder der Arztpraxis im Kontakt mit den Patienten, Angehörigen und zuweisenden Ärzten leben. Vor diesem Hintergrund ist ein systematisches internes Marketing notwendig.

Auch im Bereich der Prozesspolitik verfügen medizinische Dienstleister über weitgehende Freiheitsgrade, um sich Vorteile gegenüber dem Wettbewerb zu verschaffen. Die Qualität und Kosten medizinischer Leistungen werden maßgeblich durch Prozesse bestimmt. In der Praxis werden Prozessoptimierungen u. a. durch sogenannte „Patientenpfade" sowie „Case-Management-Programme" angestrebt. Im Rahmen von Patientenpfaden wird für definierte Krankheitsbilder berufsübergreifend festgelegt, welche diagnostischen und therapeutischen Maßnahmen in welcher Abfolge und Verantwortung umgesetzt werden, um so eine Prozessstandardisierung zu erreichen (Rippmann & Hoffmann 2005). Case-Management-Programme beinhalten demgegenüber eine Einzelfallsteuerung im Sinne einer Begleitung des Patienten durch den Behandlungspfad (Wartenpfuhl 2010).

Die folgende Grafik stellt die beschriebenen Freiheitsgrade der Marketinginstrumente dar.

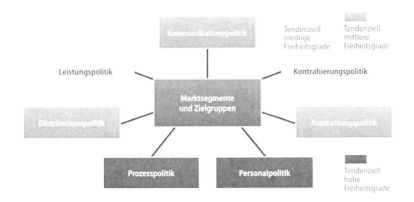

Abbildung 6:    Freiheitsgrade im Marketing-Mix für Krankenhäuser und Arztpraxen (Quelle: Meffert & Rohn 2011, 12)

Eine zentrale Bestrebung des Dienstleistungsmanagements – auch mithilfe des Marketing-Mixes – ist es, eine hohe Dienstleistungsqualität sicherzustellen. Das Erreichen einer hohen Dienstleistungsqualität ist Ziel des im folgenden Kapitel beschriebenen GAP-Modells.

# 3 Das GAP-Modell

In diesem Kapitel wird der Aufbau des GAP-Modells erläutert. Es stellt den zentralen Rahmen des Dienstleistungsmanagements dar. Neben der kurzen Beschreibung der GAPs werden erste sich daraus ergebende Managementansätze dargestellt. In den folgenden Kapiteln werden dann die einzelnen GAPs erläutert und Instrumente zu ihrer Überbrückung behandelt.

Das GAP-Modell der Dienstleistungsqualität (Parasuraman et al. 1985 sowie Zeithaml & Bitner 2002) ist ein sehr verbreitetes Referenzmodell, das helfen soll, mögliche Fallgruben bei der Dienstleistungserbringung – sogenannte GAPS – zu vermeiden. Es erklärt mögliche Ursachen, die zu einer Diskrepanz zwischen der erwarteten Dienstleistung seitens der Kunden und der tatsächlich durchgeführten Dienstleistung seitens des Unternehmens führen.

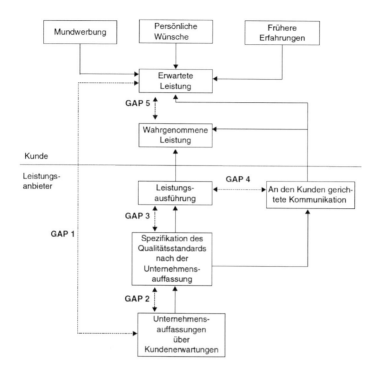

Abbildung 7:    GAP-Modell der Dienstleistungsqualität (Quelle: Parasuraman et al. 1985)

Wie aus Abb. 1 ersichtlich, hat das Dienstleistungsmanagement fünf typische Lücken (GAPs) zu überwinden:

- GAP 1, das Unternehmensproblem, besteht darin, dass das Management ein falsches, zu ungenaues Bild von den Erwartungen der Kunden hat.

- GAP 2, das Lieferproblem, besteht dadurch, dass das Management bei der Spezifikation der Dienstleistung die Kundenerwartungen und den Markt verfehlt.

- GAP 3, das Leistungsproblem, kommt dadurch zustande, dass die Mitarbeiter nicht in der Lage sind, die Vorgaben des Managements umzusetzen und die gewünschte Dienstleistung für den Kunden zu erbringen.

22

- GAP 4, das Kommunikationsproblem, besteht darin, dass die Werbung die Realität verfehlt und unpassende Kundenerwartungen weckt.

- GAP 5, das Kundenproblem, besteht darin, dass die vom Kunden wahrgenommene Leistung von seinen Erwartungen abweicht.

Zum Schließen der fünf Lücken führen Zeithaml et al. (2006) die in Abb. 2 dargestellten Maßnahmen an.

| Probleme/Gaps | Management-Ansatz (Beispiele) |
|---|---|
| 1. Das Management hat ein falsches, zu ungenaues Bild von den Erwartungen der Kunden | Systematische Marktforschung und Kundenzufriedenheitsstudien |
| 2. Das Management verfehlt bei der Spezifikation der DL-Qualität die Kundenerwartungen und den Markt | Einbeziehung der Kunden in die Entwicklung von DL-Konzepten |
| 3. Die Mitarbeiter sind nicht in der Lage, die vom Management gewünschte DL-Qualität in praktikable, erlebbare DL umzusetzen | Personalmanagement und Personalentwicklung |
| 4. Die Werbung verfehlt die Realität und weckt unpassende Kundenerwartungen | Keine übertriebenen Versprechungen, Konzentration auf Kundennutzen |
| 5. Die vom Kunden wahrgenommene Leistung weicht von seinen Erwartungen ab. | Leistung beim Kunden bewusst machen |

Abbildung 8:  Probleme des Servicemanagements und Ansatzpunkte zu ihrer Überwindung (Quelle: Zeithaml et al. 2006, 44)

Die dargestellten Maßnahmen liefern erste Ansatzpunkte zur Überwindung der GAPs. Weitere Ansatzpunkte werden in den folgenden Kapiteln, welche die GAPs einzeln betrachten, herausgearbeitet. Dabei ist GAP 5 der Ausgangspunkt, da dies der zentrale GAP aus Sicht des Kunden ist.

# 4 GAP 5 – das Kundenproblem

GAP 5 kann sowohl als Ausgangspunkt als auch als Endpunkt des GAP-Modells betrachtet werden. Bei dieser Lücke spielt die Erwartung des Kunden an die Dienstleistung eine zentrale Rolle, ebenso wie die Dienstleistung, die er dann tatsächlich bekommt. Im Folgenden geht einer genauen Beschreibung von GAP 5 die Betrachtung von Kundenerwartung und Kundenwahrnehmung voraus. Anschließend betrachten wir den Zusammenhang zwischen Dienstleistungsqualität und Kundenzufriedenheit. Die Darstellung von Instrumenten zum Schließen von GAP 5 beendet das Kapitel.

## 4.1 Beschreibung von GAP 5

GAP 5, in der Literatur auch bekannt als Kundenproblem (Zeithaml et al. 2006, 51), beschreibt die Lücke zwischen der Kundenerwartung in Bezug auf eine Dienstleistung und der Wahrnehmung der Dienstleistungsqualität durch den Kunden (Palmer 1994).

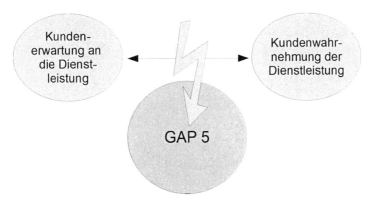

Abbildung 9:     Entstehung von GAP 5 (Quelle: Eigene Darstellung)

Es gibt viele Gründe, warum eine erwartete Leistung nicht mit der wahrgenommenen übereinstimmt. Das GAP-Modell systematisiert diese Gründe. Anhand von Untersuchungen in Bezug auf Einflussfaktoren der Dienstleistungsqualität wurden fünf GAPs (engl. = Lücke) festgestellt. Wie im vorhergehenden Kapiteln erwähnt, bietet das GAP-Modell eine Hilfestellung im Hinblick auf die Lokalisierung von Defiziten eines Anbieters hinsichtlich der Interaktion zwischen Kunden, Management und Mitarbeitern.

Im Idealfall entspricht die wahrgenommene Qualität der erwünschten Qualität der Dienstleistung – dann ist die Kundenzufriedenheit maximiert. Dies kann nur dann erreicht werden, wenn alle 4 GAPs vermieden werden und zusätzlich GAP 5 geschlossen werden kann. Bleibt die Dienstleistungsqualität hinter den Kundenerwartungen zurück, wird die Dienstleistungserbringung vom Kunden negativ beurteilt.

Um GAP 5 zu schließen, ist es notwendig, dass die Kundenerwartung – nicht lediglich die Dienstleistungsqualität – und die Kundenwahrnehmung einander angeglichen werden.

## 4.2 Kundenerwartung und Kundenwahrnehmung

### Kundenerwartung

Der Begriff der Kundenerwartung kann wie folgt definiert werden:

> „Unter Kundenerwartung versteht man Bedürfnisse, Wünsche und Vorurteile der Kunden bezüglich eines Produktes oder einer Dienstleistung. Die Kundenerwartung wird von der Art und Weise, wie der Kunde das Produkt wahrnimmt, beeinflusst, aber auch von früheren Erfahrungen, der Werbung, dem Hörensagen, der Zurkenntnisnahme von Wettbewerbern sowie dem Markenimage." (OnPulson 2009a)

Es ist anzustreben, die Kundenerwartung nicht über, aber auch nicht unter die eigentliche Dienstleistungsqualität zu bringen. Tendenziell ist es wichtig, die Erwartung des Kunden hoch zu halten, da sonst die Kundenakquise schwierig ist. Wenn zum Beispiel eine Discount-Massagepraxis ihre Dienstleistung so anpreist, dass so Erwartungen der Kunden geweckt werden, die unter der eigentlich schon niedrigen Qualität der Dienstleistung liegen, wird sie wenige Kunden für eine Massage finden. Trotzdem ist nicht zu unterschätzen, wie negativ sich eine zu hoch gesteckte Kundenerwartung auf die Kundenzufriedenheit auswirkt. Wenn die obige Praxis ihre Dienstleistung als Luxusgut mit sehr hoher Qualität anpreist und die eigentliche Qualität um einiges darunter liegt, so wird jeder einzelne Kunde in seiner Erwartung enttäuscht sein. Demnach ist es anzustreben, die Kundenerwartung möglichst auf das tatsächliche Niveau der Dienstleistung zu bringen, da eine noch so gute Dienstleistung für Enttäuschung sorgt, wenn sie vorab zu hoch angepriesen wurde. Nicht zu vergessen ist allerdings, dass es bei einer Dienstleistung keine absolute, sondern nur eine relative auf den Kunden zugeschnittene Qualität gibt. Zudem ist das Anspruchsniveau jedes Kunden unterschiedlich. Beim wiederholten Konsum einer Dienstleistung ist das Anspruchsniveau meist höher, da der Kunde bereits Vorerfahrung aus dem Erstkonsum hat. Aufgabe des Dienstleistungsmanagers ist es, die drei bis fünf Faktoren, die der Mehrzahl der Kunden an der Dienstleistung am wichtigsten sind, sowie die jeweiligen Toleranzzonen der Kunden zu ermitteln.

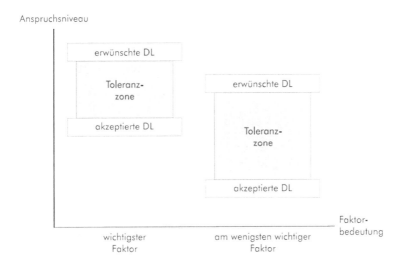

Abbildung 10:    Anspruchsniveau und Toleranzzone in Abhängigkeit von der Faktorbedeutung aus Kundensicht (Quelle: Zeithaml et al. 2006, 97)

Je wichtiger ein Faktor für die Beurteilung der Dienstleistung ist, desto geringer ist die Toleranzzone des Kunden. Ist im obigen Beispiel der Discount-Massagepraxis der Preis Hauptfaktor für den Kunden, akzeptiert er bspw. nur einen Minutenpreis zwischen 0,70 und 0,80 EUR. Ist diesem Kunden die Ausstattung der Praxis am wenigsten wichtig, so akzeptiert er auch ältere Massagebänke oder eine spärliche Praxisdekoration.

**Kundenwahrnehmung**

Wahrnehmung ist ein Begriff aus der Verhaltenspsychologie, dem Behaviorismus, der den Prozess der Informationsaufnahme und -verarbeitung beschreibt. Signifikant ist, dass die Aufnahme von Umweltreizen und insbesondere die kognitive Verarbeitung dieser Reize stark subjektiv geprägt sind. Der Wahrnehmungsprozess resultiert schlussendlich in einem individuellen Abbild der Realität, geprägt durch subjektive Einflussfaktoren (Gabler Wirtschaftslexikon 2009).

Die objektiven und durch ein Unternehmen steuerbaren Faktoren stellen nur einen Teilaspekt der Kundenwahrnehmung dar. Besonders markant ist die Kundenwahrnehmung dann, wenn die emotionale Kommunikation innerhalb des DL-Erlebnisses ausgeprägt ist.

Die Konsequenzen für ein Unternehmen liegen somit in der Kommunikation der objektiven, steuerbaren Faktoren in Richtung des Kunden – möglichst positive Emotionen hervorrufend – und in der Überprüfung der Kundenwahrnehmung und -erwartung.

Kundenzufriedenheit stellt sich nur dann ein, wenn die Kundenwahrnehmung mindestens der Kundenerwartung entspricht. Die Einflussfaktoren, bei denen Kundenerwartung und Kundenwahrnehmung erfasst und gesteuert werden sollten, zeigt das folgende Kapitel anhand der Darstellung der Kundenzufriedenheit auf.

## 4.3  Dienstleistungsqualität und Kundenzufriedenheit

Die Kundenwahrnehmung wird von einer Vielzahl an Faktoren beeinflusst. Diese können den fünf Hauptbereichen persönliche Faktoren, situative Faktoren, Preis, Produktqualität und Dienstleistungsqualität zugeordnet werden. Gemeinsam bestimmen diese die Kundenzufriedenheit, wie die folgende Abbildung zeigt.

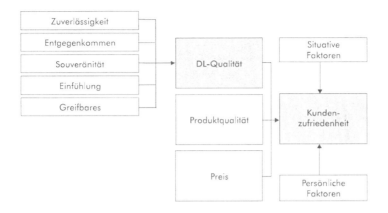

Abbildung 11:   Kundenwahrnehmung, Qualität und Kundenzufriedenheit (Quelle: Zeithaml
et al. 2006, 107)

Situative Faktoren, wie das Wetter, oder persönliche Faktoren, wie die Wertvor-
stellung, die ein Kunde von einer Dienstleistung per se hat, können schwer beeinflusst werden.

Wie bereits erwähnt, ist die zentrale Frage, welche Faktoren der Kundenwahrnehmung das Unternehmen beeinflussen kann. Diese direkt steuerbaren Faktoren sind der Preis, die Produktqualität und die Dienstleistungsqualität. Diese drei
Faktoren gilt es bei jeder Dienstleistung stringent zu steuern und zu kontrollie-
ren, um dem Kunden eine möglichst qualitativ-hochwertige, konsistente Dienstleistung anbieten zu können.

Die Dienstleistungsqualität umfasst nach Zeithaml et al. (2006) die fünf Dimensionen Zuverlässigkeit, Entgegenkommen, Souveränität, Einfühlung und Greifbares.

- Unter **Zuverlässigkeit** ist dabei die Tatsache zu verstehen, dass die richtige Dienstleistung gleich beim ersten Mal zum gewünschten Zeitpunkt und
  dies immer so erbracht wird.[3]

- **Entgegenkommen** kann mit dem Willen, prompt zu helfen, beschrieben
  werden.

---

[3]   Im englischsprachigen Raum hat sich die Bezeichnung RFTOT eingebürgert, was so viel
wie „right first time on time every time" bedeutet. Manche Autoren sprechen auch von
„get me what I want, when I want, where I want".

- **Souveränität** umfasst Professionalität mit einer überzeugenden Ausstrahlung, so dass sich der Kunde „in guten Händen" fühlt.

- **Einfühlung** meint den eventuellen Sonderwünschen von Kunden entgegenzukommen und diesen das Gefühl zu vermitteln „als einzigartig ernst genommen zu werden".

- **Greifbares** hat die Aufgabe, der Immaterialität der Dienstleistung durch qualitativ hochwertige Materialien, Gegenstände, Ausstattung etc. im Zusammenhang mit der Dienstleistung entgegenzuwirken.

Die Zuverlässigkeit ist in etlichen Branchen die wichtigste Dimension. Der besondere Charakter vieler Dienstleistungen in der Gesundheitsbranche bringt es jedoch mit sich, dass insbesondere den Dimensionen Entgegenkommen, Souveränität und Einfühlung eine hohe Bedeutung zukommt. Dies ist verständlich, da die Dienstleistungen häufig persönlich erbracht und individuell zugeschnitten sowie für den Kunden bedeutsam sind. Dies wird noch verstärkt, da es sich um eine Dienstleistung handelt, die auf Vertrauen im Gegensatz zu Erfahrung oder Prüfbarkeit basiert. Nur wenige Kunden können sich bspw. bei einer Nierenoperation auf eigene Erfahrung stützen oder die Qualität vor der Dienstleistung objektiv nachprüfen. Die Dimensionen der Dienstleistungsqualität einer Arztbehandlung könnten etwa wie folgt aussehen.

| | Zuverlässigkeit | Entgegen-kommen | Souveränität | Einfühlung | Greifbares |
|---|---|---|---|---|---|
| **Arztbe-handlung** | Termine werden eingehalten; Diagnosen sind richtig | Zugänglich; kein Warten; Bereitschaft zuzuhören | Kenntnisse und Fähigkeiten; Referenzen; Ruf | Erkennt Kunden an; erinnert sich an frühere Probleme; guter Zuhörer; Geduld | Warte- und Behandlungszimmer; Ausstattung; schriftliches Material |

Tabelle 3:     Dimensionen der Dienstleistungsqualität am Beispiel einer Arztbehandlung (Quelle: Zeithaml et al. 2006, 121)

Der Dimension „Greifbares" kommt oft die Rolle zu, dem Kunden die anderen Dimensionen der Dienstleistungsqualität zu signalisieren. Beim obigen Beispiel der Arztbehandlung signalisiert ein aufgeräumtes Warte- und Behandlungszimmer dem Kunden eine gut organisierte Praxis und lässt evtl. auch auf eine zuverlässige und souveräne Behandlung schließen.

Zur Herstellung der Kundenzufriedenheit und Überbrückung von GAP 5 sind verschiedene Instrumente hilfreich.

## 4.4 Instrumente zur Überbrückung von GAP 5

Zur Überbrückung des Kundenproblems betrachten wir im Folgenden verschiedene Instrumente. [4] Diese Instrumente sollen helfen die zuvor behandelten Konzepte – wie etwa das Erfassen der Dimensionen der DL-Qualität – umzusetzen. Es gibt objektive Zufriedenheitsindikatoren wie z.b. Umsatz und Marktanteile, Eroberungs- und Loyalitätsraten. Und es gibt subjektive Qualitätsvermutungen, wie bspw. Expertenbeobachtungen und Mystery Shopping (Pepels 2005, 237ff). Wichtig ist, dass Auswahl und Anwendung der Instrumente dem einzelnen Dienstleistungsmanager überlassen sind, da je nach Situation mal das eine, mal das andere Instrument besonders hilfreich ist.

Eines der Verfahren zur Messung der objektiven Zufriedenheitsindikatoren befasst sich mit der Errechnung von **Umsatzzahlen und Marktanteilen**. Allerdings geben die Ergebnisse dieses Verfahrens keine eindeutigen Hinweise in Bezug auf das Zufriedenheitsniveau, da es vorkommen kann, dass Unternehmen auch bei unzufriedenen Kunden hohe Umsätze und Marktanteile vorweisen können. Gründe hierfür können zum Beispiel der Mangel an Wettbewerbern oder zu geringe Markttransparenz sein. Gerade Marktführer ziehen aus ihren positiven Umsatzzahlen oft falsche Schlüsse und bringen ihre Vorherrschaft gegenüber Wettbewerbern gerne mit einem hohen Maß an Servicequalität in Verbindung. Deshalb ist es wichtig, dass die Messung der Kundenzufriedenheit sich nicht allein auf Umsatz und Marktanteile stützt.

Ein weiterer objektiver Zufriedenheitsindikator können **Eroberungs- und Loyalitätsraten** sein. Bei Eroberungsraten werden die Anzahl neu hinzugewonnener Kunden von der Konkurrenz erfasst, während es bei Loyalitätsraten darum geht, die Menge bereits vorhandener und wieder konsumierender Kunden in einer Zeiteinheit zu bemessen. Treue und zufriedene Kunden können das Konsumverhalten ihres sozialen Umfeldes insofern beeinflussen, als dass Kunden der Konkurrenz den Anbieter wechseln. Im Gegenzug lässt ein Ausbleiben des

---

[4] Einige Instrumente lassen sich auch zur Überbrückung anderer GAPs anwenden.

Anbieterwechsels prinzipiell auf die Zufriedenheit mit dem bestehenden Anbieter schließen. Aus diesen Gründen bedeuten hohe Eroberungs- und Loyalitätsraten auch ein hohes Maß an Kundenzufriedenheit (Pepels 2005, 238ff).

Zur subjektiven Qualitätsvermutung gehören unter anderem Expertenbeobachtungen, das Mystery Shopping und der Servicetest. Ansätze zur Ermittlung der subjektiven Kundenzufriedenheit sind bspw. die Abfrage von Globalurteilen, Fokusgruppen oder das Multiattributive Verfahren.

Im Rahmen von **Expertenbeobachtungen** analysieren Experten Kundenkontaktsituationen (= „Moments of Truth") und halten Auffälligkeiten fest, die dann als Grundlage für Verbesserungen genutzt werden können. Es ist allerdings fraglich, inwieweit Einzelbeobachtungen ein repräsentatives Gesamtbild abgeben.

Beim **Mystery Shopping** simulieren Scheinkunden eine reale Kaufsituation, um dadurch Schwächen zu analysieren und Hinweise auf Verbesserungsmöglichkeiten zu gewinnen. Der Scheinkunde orientiert sich bei der Bewertung an bestimmten Leitfragen. Zwar wird in Frage gestellt, inwieweit die Wahrnehmung der Scheinkunden der der realen Kunden ähnelt, dennoch wird dieses Verfahren häufig stichprobenartig angewendet, da es Schwächen gerade im Erstkontakt aufdecken kann.

Ein weiteres Verfahren der subjektiven Qualitätsvermutung sind **Servicetests**, die idealerweise anhand statistisch abgesicherter Stichprobenverfahren (z.B. Stiftung Warentest) von Dritten erhoben und journalistisch aufbereitet werden.

Die subjektive Zufriedenheit kann man zum Beispiel mithilfe von **Globalurteilen** messen. Globalurteile bestehen meist nur aus einer Frage, wie etwa: „Wie zufrieden sind Sie mit den Leistungen unserer Telefongesellschaft insgesamt?" Die Antworten auf diese Frage geben hingegen die Zufriedenheit der Kunden undifferenziert wieder. Denn es wird lediglich erfasst, dass die Kunden zufrieden oder unzufrieden sind, ohne aber ihre Begründungen zu erfahren. Dies macht es für ein Unternehmen schwierig, konkrete Maßnahmen zur Leistungsverbesserung durchzusetzen. Das Globalurteil eignet sich folglich hauptsächlich als erster Ausgangspunkt für weitere Befragungen (Pepels 2005, 240f).

Die subjektive (Un-)Zufriedenheit kann auch mittels **Beschwerde- und Vorschlagssystemen** erfasst werden. Dies kann klassisch als „Kummerkasten" oder „Verbesserungskasten" bspw. in einer Arztpraxis umgesetzt werden oder auch über die Unternehmenshomepage in digitaler Form. Auch wenn es sich um Einzelbeschwerden handelt, kann deren Kategorisierung Problemfelder aufdecken.

Bei der **Critical-Incidents-Methode** (Kotler & Bliemel 2001, 64) fragen Sie Ihre Kunden nach besonders positiven und negativen Erfahrungen im Zusammenhang mit Ihrer Dienstleistung. Vorteil ist hierbei, dass Kunden die besonders emotionalen und somit verankerten Erfahrungen weitergeben. Hierbei bekommen Sie auch von Kunden Rückmeldung, die an Beschwerde- und Vorschlagssystemen nicht teilgenommen haben.

Die **Sequenzielle Ereignismethode** (Kotler & Bliemel 2001, 64) hilft Kunden sich mittels eines Prozessablaufdiagramms an Details der Dienstleistung zu erinnern. Systematisch berichtet und kommentiert der Kunde seine Erfahrungen bei jedem Schritt der Dienstleistung, den er durchlebt hat. Die Critical-Incidents- und die Sequenzielle Ereignismethode ergänzen sich ideal, da sie die für den Kunden relevantesten Ereignisse aufdecken, diese systematisch mit anderen Ereignissen auffüllen und ins Verhältnis setzen.

Mittels **Diskrepanzmodellen** (Kotler & Bliemel 2001, 58) können Sie die Größe der Diskrepanz zwischen Kundenerwartung und Kundenwahrnehmung messen. Sie können den Kunden vor und nach der Dienstleistung bitten, die Leistung zu bewerten. Die Abweichung stellt die Bestätigung oder Nichtbestätigung der Erwartung dar. Ein alternativer Ansatz ist es, den Kunden direkt mittels Bewertungsskalen nach dem Ausmaß der Bestätigung oder Nichtbestätigung der Erwartung zu befragen.

Bei der Durchführung einer **Fokusgruppe** wählt ein Unternehmen meist Stammkunden aus, um sich in einer Gruppendiskussion über die empfundenen Serviceleistungen auszutauschen. Ziel ist hierbei die Ermittlung der wahrgenommenen Leistung, eine Analyse der eigenen Schwächen und Hinweise zur Verbesserung der Qualität der Dienstleistung.

Das **multiattributive Verfahren** teilt die Gesamtzufriedenheit in mehrere Teilzufriedenheiten, wie etwa Freundlichkeit des Personals, Zuverlässigkeit, Garantie etc. Der Vorteil des multiattributiven Verfahrens sind die differenzierten Ergebnisse. Die Errechnung einer Gesamtnote kann allerdings problematisch werden, da Teilzufriedenheiten weder priorisiert noch gewichtet werden.

Die untenstehende Tabelle enthält Anhaltspunkte zur Instrumentenwahl.

| | Indikator | Einbeziehung des Kunden | Repräsentativ | Aussage-kraft | Aufwand |
|---|---|---|---|---|---|
| **Umsatz** | objektiv | nein | ja | gering | gering |
| **Marktanteil** | objektiv | nein | ja | mittel | gering |
| **Eroberungsrate** | objektiv | nein | ja | hoch | mittel |
| **Loyalitätsrate** | objektiv | nein | ja | hoch | mittel |
| **Experten-beobachtung** | subjektiv | indirekt | nein (stichpro-benabhängig) | mittel | mittel |
| **Mystery Shopping** | subjektiv | nein | nein (stichpro-benabhängig) | mittel | mittel |
| **Servicetest** | subjektiv | nein | ja (stichproben-abhängig) | hoch | hoch |
| **Globalurteil** | subjektiv | ja | ja (stichproben-abhängig) | gering | gering |
| **Beschwerde- & Vorschlagsys-teme** | subjektiv | ja | Nein | gering | gering |
| **Critical Incidents** | subjektiv | ja | ja (stichproben-abhängig) | mittel | gering |
| **Sequenzielle Ereignismetho-de** | subjektiv | ja | ja (stichproben-abhängig) | mittel | mittel |
| **Diskrepanz-modelle** | subjektiv | ja | ja (stichproben-abhängig) | hoch | hoch |
| **Fokusgruppe** | subjektiv | ja | Nein | mittel | mittel |
| **Multiattributive Messung** | subjektiv/ objektiv | ja | ja (stichproben-abhängig) | hoch | hoch |

Tabelle 4:     Eigenschaften von Instrumenten zur Überbrückung von GAP 5 (Quelle: Eigene Darstellung)

Nachdem der Kunde bei den Betrachtungen zu GAP 5 im Fokus stand, wenden
wir uns im nächsten Kapitel mit GAP 1 stärker dem Unternehmen zu.

# 5 GAP 1 – das Unternehmensproblem

Einer Beschreibung von GAP 1 folgt ein Abschnitt zu den Hauptursachen für das Entstehen von GAP 1. Im Folgenden werden Instrumente zur Schließung des GAPs vorgestellt. Anschließend wird umfassend auf das Konzept des Qualitätsinformationssystems samt Beschwerdemanagement und Kundenbeziehungsmanagement eingegangen.

## 5.1 Beschreibung von GAP 1

GAP 1 beschreibt die Differenz zwischen der Kundenerwartung an die Dienstleistung und der vom Management wahrgenommenen Kundenerwartung an die Dienstleistung.

Für diese Diskrepanz kann es zahlreiche Gründe und Ursachen geben. Zum einen kann es sein, dass das Management nicht direkt im Kundenkontakt steht und somit die Kundenerwartungen aus dem Blick verliert. Ein weiterer Grund kann sein, dass das Management schlichtweg nicht willens ist, nach den Kundenerwartungen zu fragen, oder die Kunden nicht systematisch nach ihren Erwartungen befragt. Die Verantwortung für das Auftreten von GAP 1 hat jedoch nicht nur die oberste Führungsebene zu tragen, sondern jeder Mitarbeiter, der die Autorität besitzt, die Dienstleistung zu verändern und anzupassen.

## 5.2 Hauptursachen für das Entstehen von GAP 1

Vier Hauptgründe sind für das Bestehen von GAP 1 verantwortlich. Die folgende Grafik stellt diese übersichtlich dar.

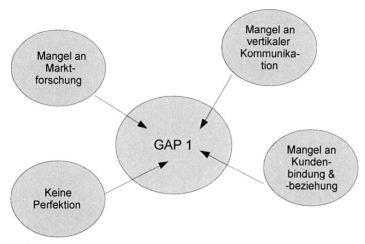

Abbildung 12:    Hauptursachen für das Entstehen von GAP 1 (Quelle: Eigene Darstellung)

Zum einen kann eine inadäquate oder **unzureichende Marktforschung** dazu führen, dass dem Management die Kundenerwartungen nicht bekannt sind. Die Gefahr eines GAP 1 steigt, wenn Manager und verantwortliche Mitarbeiter keine ausreichende Information über die Kundenerwartungen sammeln. Es gibt eine Vielzahl an Möglichkeiten, die gewünschten Informationen zu erhalten (Zeithaml et al. 2006, 36). Etliche der angeführten Instrumente zur Überbrückung von GAP 5 können hierfür hilfreich sein.

Zweiter Faktor kann ein **Mangel an vertikaler Kommunikation** im Unternehmen sein. Die Mitarbeiter, die täglich im Kundenkontakt stehen, wissen oft viel über Kunden und deren Erwartungen. Das Management sollte sich mit diesen Mitarbeitern austauschen, um von ihrem Wissen zu profitieren.

Auch **fehlende** Unternehmensstrategien zur **Kundenbindung,** zum Aufbau und zur Stärkung der **Kundenbeziehungen** können ein Grund für das Auftreten von GAP 1 sein. Es besteht die Gefahr, dass sich Unternehmen zu stark auf die Akquise von Neukunden konzentrieren und darüber vergessen, wie die sich ständig verändernden Bedürfnisse und Erwartungen der bestehenden Kunden aussehen. Hier muss man grundsätzlich zwischen langfristig orientiertem Kundenbeziehungsmarketing und transaktionsorientiertem Marketing unterscheiden. GAP 1 tritt bei Unternehmen, die den Schwerpunkt auf das Management von Kundenbeziehungen legen, in geringerem Umfang auf.

Die vierte und letzte Hauptursache für das Auftreten von GAP 1 entsteht aus der Tatsache, dass **kein Unternehmen perfekt** ist und es immer zu Fehlern in der Erstellung der Dienstleistung kommt. Das Management muss hier sicherstellen, dass ein gut funktionierendes Beschwerdesystem etabliert ist. Nur so kann das Management die Gründe für Beschwerden und die Erwartungen der sich beschwerenden Kunden verstehen und darauf Strategien zur Wiedergutmachung und Zufriedenstellung aufbauen (vgl. Zeithaml et al. 2006).

## 5.3  Beispiele an Instrumenten zur Überbrückung von GAP 1

Das Management eines Unternehmens muss versuchen, Informationen über Kundenerwartungen einzuholen sowie Unzufriedenheit der Kunden aufzudecken und dieser Abhilfe zu schaffen. Prinzipiell kann das Unternehmen dafür Kontaktmedien bereitstellen, welche die Kunden dann aktiv nutzen, oder das Unternehmen geht aktiv auf die Kunden zu und befragt diese nach ihren Erwartungen. Als Anschauungsbeispiel dient uns das Beschwerdemanagement eines Krankenhauses.

Für das Beschwerdemanagement hat das Unternehmen mehrere Mittel zur Verfügung. Unter den herkömmlichen Mitteln versteht man die klassischen Mittel, die zum Kontakt zwischen Unternehmen und Kunden genutzt werden. Klassische Mittel sind mündliche und schriftliche Instrumente wie Hotline, Telefon, E-Mail, Brief, Umfragen, Gruppengespräch, Einzelbefragung, Kundenclubs, Feedbacksysteme und Verkaufsmannschaften. Krankenhäuser verwenden häufig Einzelbefragungen bspw. bei der „Visite", aber auch Feedbacksysteme, häufig in Form von Fragebögen nach oder am Ende des Krankenhausaufenthaltes. Diese werden nun kurz erläutert.

Zu **Umfragen und Feedbacksystemen:** Unter Umfragen versteht man: „Repräsentativerhebung für die Markt- und Meinungsforschung mittels Fragebogen (Befragung)" (Gabler Wirtschaftslexikon 2010).

Die Unzufriedenheit der Kunden kann täglich durch Beschwerdemanagement und Datenbanken gemessen werden. Um diese in einem bestimmten Zeitraum zu analysieren oder zu quantifizieren, gibt es die Möglichkeit, Umfragen zu erstellen. Bei Umfragen wird nur eine die Grundgesamtheit aller Kunden repräsentierende Anzahl befragt. Feedback – oder Rückmeldung – wird bei Krankenhäusern oft als Gesamterhebung bei jedem Kunden durchgeführt. Hier gibt es vielfältige Möglichkeiten, wie Tête-à-tête-, Telefon-, postalische, Internet- oder E-Mail-Umfragen.

Diese Umfragen können auch für unterschiedliche Phasen des Prozesses von Verkauf bis zur Nachnutzung der Dienstleistung eingesetzt werden. Um die Zufriedenheit des Kunden zu analysieren, erfolgt die Umfrage jedoch normalerweise am Ende des Prozesses.

Antworten auf Umfragen sollten nicht erzwungen werden. Wenn der Kunde nicht antworten möchte, werden die Ergebnisse die Realität nicht widerspiegeln. Aktives Antelefonieren durch das Unternehmen trifft oft auf dieses Problem, da der Kunde oft unter Zeitdruck steht und teils nicht ernsthaft antwortet. Zudem treten oft Hemmungen auf, wenn über den eigenen Gesundheitszustand am Telefon Auskunft gegeben werden soll. Der Rücklauf ist prinzipiell bei Befragungen immer niedriger als die Anzahl der kontaktierten Personen. Um die Rücklaufquote zu erhöhen, können Unternehmen Kunden mit einem kleinen Ausgleich in Form eines Präsentes für den Aufwand „entschädigen". Bei sensiblen Umfragen wie solchen zum Gesundheitszustand sollte jedoch insbesondere auf eine vertrauliche Atmosphäre und die vertrauliche Verwendung der erhobenen Daten hingewiesen werden.

Face-to-face-Befragung ist ein weiteres Verfahren, um unterschwellige Erwartungen ans Tageslicht zu bringen. Diese Befragungsform bietet sich deshalb zur Erhebung in sensiblen Bereichen – wie bei einem Krankheitsbild – besonders an. Während der Unterhaltung werden die Kunden unerwartete Aspekte erwähnen. Kunden können auch freiwillig Feedback durch Briefe, E-Mail, Telefon, Fax aber auch direkt an den Kundenservice, den Empfang oder das Personal im Krankenhaus äußern. Je größer die Hemmschwelle des Kunden ist, Auskunft zu geben, desto eher sollten schriftliche und anonymisierte Verfahren in Erwägung gezogen werden. Der große Vorteil in Bezug auf Umfragen oder Beschwerden ist die freiwillige Kontaktaufnahme vom Kunden mit dem Unternehmen. Negative wie positive Aspekte der Kundenmeinung können hier vom Unternehmen in Erfahrung gebracht werden. Auf diesem Wege können wichtige Bemerkungen und Anregungen im Unternehmen aufgenommen werden und letzterem zur Verbesserung der Dienstleistungsqualität verhelfen.

**Reklamationsservices** sind zunehmend wichtiger werdende Instrumente auch für Krankenhäuser. Dies ist insbesondere der Fall, wenn sich die Konkurrenz der

Anbieter erhöht, was bei Krankenhäusern – unter anderem auch durch überregionale und ausländische Anbieter – immer stärker der Fall ist.

„Eine Reklamation ist Ausdruck einer Unzufriedenheit. Diese kann sachlich (Beanstandung) oder persönlich (Beschwerde) begründet sein. Eine stimmige Bearbeitung einer Reklamation kann zu einer relativ hohen Kundenbindung führen." (Marketing Lexikon 2010)

Hinter der Linie der Sichtbarkeit hat die Abteilung, die Reklamationen bearbeitet, täglichen Kontakt mit Kunden. Da sie eine Quelle für zeitnahe Informationen darstellen, sollten die Kundenbemerkungen in Datenbanken gesammelt werden, um die Qualität der Dienstleistung zu verbessern. Wie die o.g. Definition bereits ausführt, kann dies eine Quelle der Kundenbindung sein.

Die exemplarisch angeführten Kontaktmittel können, sofern konsequent angewandt, GAP 1 bereits verringern. Jedoch ist Ihnen sicherlich klar geworden, dass diese ohne Einbettung in ein Gesamtsystem – ein Qualitätsinformationssystem – nur punktuell und unzureichend sind.

## 5.4 Qualitätsinformationssystem

Die im vorherigen Kapitel eingeführten Instrumente sollten systematisch genutzt und in ein Qualitätsinformationssystem eingebunden werden. Als nächster Schritt eines Dienstleistungsmanagers folgt dann der Aufbau eines Kundenbeziehungsmanagements. Die folgende Grafik zeigt, wie so GAP 1 geschlossen werden kann.

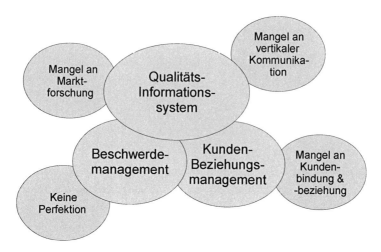

Abbildung 13: Systematische Ansätze zum Schließen von GAP 1 (Quelle: Eigene Darstellung)

Wie bereits bei GAP 5 in einer Tabelle dargestellt und auch zur Vermeidung von GAP 1 relevant, bestehen etliche Marktforschungsinstrumente, um die Kundenerwartungen in Hinblick auf eine Dienstleistung zu erfahren. Aufgrund des heterogenen und dynamischen Charakters von Kundenerwartungen sind **Qualitätsinformationssysteme** (QI-Systems) notwendig, die anhand von Messgrößen diese Erwartungen ständig erfassen und verfolgen.

Der Aufbau eines QI-Systems sollte sich an der Art der Dienstleistung und des Dienstleistungsunternehmens orientieren. Dabei kann eine Klinikgruppe sicher ein umfassenderes Qualitätsinformationssystem betreiben als eine 5-Mann starke Physiotherapeutenpraxis. Wichtig ist, dass jeder Dienstleistungsanbieter ein für sich mögliches QI-System betreibt, um sich die daraus ergebenden Chancen zu Nutze zu machen.

Auf nationaler Ebene erhebt der „Kundenmonitor Deutschland" (www.servicebarometer.net) jährliche Kundenzufriedenheitswerte wechselnder Branchen und Unternehmen. Dabei können die Befragungsbereiche als Ansatzpunkte für Messgrößen des eigenen QIs und auch als Vergleichswerte zu den Branchenbesten dienen.

Abbildung 14:   Erhebungsbereiche des Kundenmonitors Deutschland (Quelle: Eigene Darstellung)

Eine weitere gute Orientierung zum Aufbau eines QIs bietet das Qualitätsmodell der European Foundation for Quality Management – EFQM (www.efqm.org). Das Qualitätsmodell der EFQM dient zur Bewertung der Qualität von Organisationen.

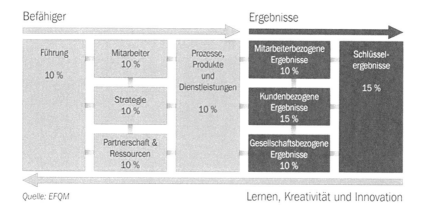

Quelle: EFQM                                    Lernen, Kreativität und Innovation

Abbildung 15:   Das Qualitätsmodell 2010 der European Foundation for Quality Management (Quelle: EFQM 2011)

Das Modell bringt die Ergebnisse von Mitarbeitern, Kunden und Gesellschaft mit den Schlüsselergebnissen in einen Zusammenhang. Um Ergebnisse zu erzielen, benötigt es „Befähiger", also Mitarbeiter, Strategie, Partnerschaften & Ressourcen, Prozesse und Produkte und Dienstleistungen, die im Zusammenspiel mit der Führung das Unternehmen erst in die Lage versetzen, Ergebnisse zu erzielen. Auf der Webseite der EFQM wird auch ein Selbsttest angeboten, welcher als Einstieg zum Thema QI-System auch Dienstleistungsmanagern empfohlen werden kann. Ziel sollte es sein, aus der Vielzahl der Aktivitäten und Methoden eines Dienstleistungsunternehmens die Erfolgsfaktoren abzuleiten und zu gestalten, die für das Unternehmen besonders relevant sind.

Ein eigenes QI-System kann sich an diese etablierten Systeme anlehnen, sollte jedoch auf jeden Fall ein systematisches **Beschwerdemanagement** enthalten. Denn, wir erinnern uns, da kein Unternehmen perfekt ist, benötigt es ein System, welches dem Kunden die Möglichkeit bietet, „Fehler" zu äußern. Reklamationsservices erfassen nur etwa jeden 20. bis 25. unzufriedenen Kunden, da sich die anderen unzufriedenen Kunden nicht beschweren. Studien zeigen, dass jeder unzufriedene Kunde etwa fünf Personen von seiner negativen Erfahrung erzählt. Folglich können hinter jeder erfassten Beschwerde bis zu 125 negativ beeinflusste Personen stehen. Umso wichtiger ist es, die eingehenden Beschwerden nicht ad hoc zu behandeln, sondern durch ein aktives Beschwerdemanagement zu kanalisieren und zu versuchen, den Kunden wieder zufriedenzustellen. Die untenstehende Grafik gibt Aufschluss über die Gestaltungselemente eines Beschwerdemanagements.

Ein geeigneter Beschwerdemanager mit verinnerlichtem Servicegedanken sollte dafür sorgen, dass eingehende Beschwerden systematisch erfasst, sortiert und dokumentiert werden. Durch eine zügige Reaktion, bspw. sind für die Beantwortung eines Beschwerdebriefes maximal 2 Wochen angemessen, sollte versucht werden, die Kundenzufriedenheit wieder herzustellen. Zudem sollte jede Beschwerde dazu genutzt werden zu analysieren, ob es sich um eine Situation handelt, die in dieser oder ähnlicher Form evtl. wieder auftreten könnte. Die Informationsgewinnung aus der Beschwerde sollte dazu führen, durch geeignete Maßnahmen zukünftigen Kundenunzufriedenheiten vorzubeugen. Nur durch diese beiden Handlungsstränge kann ein Beschwerdemanagement seine volle Wirkung entfalten und somit die Chance auf Kundenzufriedenheit erhöhen.

Sowohl QI-Systems als auch das Beschwerdemanagement zielen darauf ab, die Kundenzufriedenheit zu erhöhen. Die Kundenzufriedenheit ist Bindeglied zwischen Kundenerwartungen und Kundenloyalität, wie die untenstehende Grafik zeigt. Lediglich zufriedene oder sehr zufriedene Kunden tendieren einem Unternehmen gegenüber loyal – oder positiv – eingestellt zu sein.

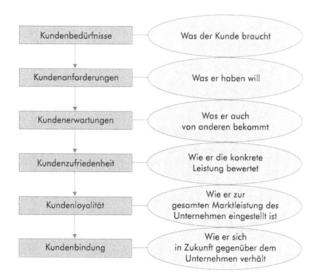

Abbildung 17:   Wirkungskette von den Kundenbedürfnissen zur Kundenbindung (Quelle: Töpfer 1999, 63)

Kundenloyalität wiederum ist Voraussetzung für Kundenbindung und Kundenbeziehung, dessen Versäumnis die vierte Hauptursache für das Auftreten von GAP 1 ist.

**Kundenbindung** ist erreicht, wenn der Kunde nicht nur loyal gegenüber dem Unternehmen eingestellt ist, sondern auch zukünftig hier kauft, weitere Dienstleistungen hier kauft und das Unternehmen anderen Personen weiterempfiehlt. Vorteil der Kundenbindung ist es, dass nicht ständig neue Akquisitionskosten anfallen, sich Umsätze durch Kauf derselben – eventuell bei erhöhter Kauffrequenz – und weiterer Dienstleistungen („Cross-Selling") erhöhen, und zwar solange die Kundenbindung besteht. Zudem steigt der Umsatz durch Weiterempfehlung an. Auch sinkt die Preissensibilität des Kunden, so dass er sich im Laufe der Kundenbeziehung auch höherpreisige Dienstleistungen leistet. Anstelle des transaktionsorientierten Marketings tritt das beziehungsorientierte Marketing, welches anstelle des Verkaufs als Erfolgskriterium die Etablierung langfristiger Geschäftsbeziehungen stellt und dadurch auf den Lebensumsatz oder Kundenlebenswert „Customer Lifetime Value" abzielt.

| Branche | Potenzieller „Lebensumsatz" pro Nachfrager (in EUR) | Ø Dauer einer Kunden- beziehung zu einem Anbieter (in Jahren) | Anzahl der Wechsel in der aktiven Konsumentenzeit | Ø realisierbarer Umsatz pro Anbieter (in EUR) |
|---|---|---|---|---|
| PKW | 130.000 | 20 | 3 | 43.000 |
| SB-Warenhaus | 150.000 | 12 | 4,5 | 33.000 |
| Lebensmittel- Discounter | 80.000 | 12 | 4,5 | 18.000 |
| Drogeriemarkt | 22.000 | 8 | 7 | 3.100 |
| Textileinzelhandel | 65.000 | 15 | 4 | 16.000 |

Abbildung 18:   Wert einer Kundenbeziehung (Quelle: Deutsches Kundenbarometer 1999, Werte aktualisiert)

Da nicht jeder Kunde an einer langfristigen Beziehung zu einem Unternehmen interessiert ist, gilt es die Kunden herauszufiltern, deren typische Anforderungen die angebotene Dienstleistung dauerhaft abdecken kann. Hierbei ist die klassische Marktsegmentierung als erster Schritt wichtig, die bspw. auf demografischen Merkmalen, der Kaufkraft etc. der Kunden basiert. Da jedoch insbesondere bei persönlich erbrachten Dienstleistungen auf den Kunden eingegangen werden kann, sollte die Dienstleistung in einem zweiten Schritt individualisiert werden. Es gilt also, den Kern einer Dienstleistung zu bestimmen und dann individuell kombinierbare Standardmodule anzubieten.

Die Kundenbindung sollte dabei möglichst nicht nur finanzieller Natur sein, sondern am besten auch persönlich und strukturell.

| Niveau | Art der Bindung | Marketing-orientierung | Grad der Individua-lisierung | Primäres Element des Marketingmix | Differen-zierungs-potenzial | Beispiel |
|---|---|---|---|---|---|---|
| 1 | Finanziell | Kunde | Niedrig | Preis | Niedrig | Airlines (Frequent-Flyer-Programme), Telefongesell-schaften, Hotels |
| 2 | Finanziell und persönlich | Klient | Mittel | Persönliche Kommunikation | Mittel | Freiberufler, per-sönliche Dienst-leister, techno-logiegesteuerte DL (Kundendatenbank etc.) |
| 3 | Finanziell, persönlich und strukturell | Klient | Mittel bis hoch | Dienstleistung | Hoch | Individualisierte DL (firmeninternes Training) oder in die Organisation des Kunden inte-grierte Dienst-leistung (Logistik) |

Abbildung 19:  Niveaus von Kundenbindungsstrategien (Quelle: Berry & Parasuraman 1998)

Da die meisten Dienstleistungen in der Gesundheitsbranche persönlich erbracht werden, steht hier die persönliche Kommunikation im Vordergrund des Marke-ting-Mixes. Ein höheres als übliches Differenzierungspotenzial bietet die struk-turelle Bindung, die in die Kundenorganisation integrierte Dienstleistung. Dies ist insbesondere bei Firmenkunden möglich. Beispiele sind ein mobiler Massa-gedienst in den Räumlichkeiten des Kunden oder die Inanspruchnahme eines Dienstleisters für Gesundheitsvorsorge für die Mitarbeiter des Kunden.

Die konkreten Schritte zum Aufsetzen eines Kundenbindungsprogrammes sind in Anlehnung an Venohr (1996):

- Verständnis herstellen – Welche Kunden sind profitabel?

- Verständnis herstellen – Welche Faktoren sind für die Kundenbindung verantwortlich?

- Profitable Kunden an das Unternehmen binden.

- Den Kundenbestand dauerhaft profitabel sichern

Zur Umsetzung des ersten Schrittes sollten die Verfahren wie bei Überbrückung von GAP 5 vorgestellt angewendet werden. Schritt zwei wird durch die aktive

Ausgestaltung der 7Ps umgesetzt. Für Schritt drei sollten Aktionsprogramme erstellt werden. Für Schritt vier sollte das Geschäftssystem in Richtung Niveau zwei und drei der Kundenbindungsstrategie entwickelt werden.

Nachdem das Dienstleistungsunternehmen durch Überbrückung des Unternehmensproblems nun weiß, was der Kunde möchte, wird im folgenden Kapitel die „Spezifikation des Wissens" – das sogenannte Lieferproblem – behandelt.

# 6 GAP 2 – das Lieferproblem

Nachdem das Management durch Schließen von GAP 1 eine klare Vorstellung darüber hat, was der Kunde erwartet, beschäftigt sich dieses Kapitel mit der Darstellung von GAP 2 nun damit, wie diese Vorstellung des Managements in eine konkrete Spezifikation überführt werden kann. Nach einer Beschreibung von GAP 2 gehen wir zunächst auf die Schnittstellen zu GAP 1 und GAP 3 ein. Nach einem kurzen Absatz zur Überbrückung von GAP 2 beschäftigen wir uns intensiv mit der Erstellung von kundenorientierten Dienstleistungen. Dabei gehen wir Schritt für Schritt vor und lernen dabei nützliche Instrumente kennen.

## 6.1 Beschreibung von GAP 2

Das Lieferproblem, GAP 2, entsteht, wenn das Management die wahrgenommenen Kundenerwartungen nicht treffend in die Spezifikationen der Dienstleistung umsetzen kann.

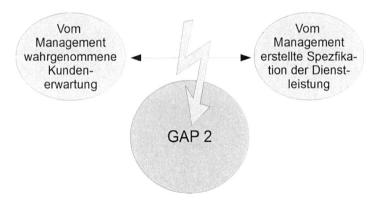

Abbildung 20:    Entstehung von GAP 2 (Quelle: Eigene Darstellung)

Es kann sich hierbei sowohl um eine bereits bestehende Dienstleistung mit Verbesserungspotenzial handeln, als auch um die Entwicklung einer völlig neuen Dienstleistung. Ebenso kann zwischen individueller und standardisierter Dienstleistung unterschieden werden.

GAP 2 spricht hierbei aus der Managementsicht sowohl die Kunden als auch die Mitarbeiter an. Das Management muss auf der Kundenseite die Qualitätserwartungen genau kennen und diese in der Entwicklung der Dienstleistung entsprechend umsetzen. Dazu müssen im Vorfeld Erhebungen und Analysen der Kundenerwartungen durchgeführt werden – wie in den Ausführungen zu GAP 5 und GAP 1 beschrieben. Nach der Konzeption der Dienstleistung kann der Ablauf der einzelnen Prozessschritte mithilfe unterstützender Instrumente detailliert analysiert werden. Ziel ist es hierbei, Schwachstellen erfolgreich aufzudecken, um Verbesserungen vornehmen zu können. Bezüglich der Mitarbeiterseite besteht GAP 2 aufgrund von „ungenügenden Standards, Strukturen, Prozessen und Normen des Dienstleistungsmanagements, ebenso wie aufgrund eines unklaren Service-Designs" (Scheuer 2005, 143-145). Dies kann nur durch ein effizientes Wissensmanagement überbrückt werden, indem die vom Management definierten Spezifikationen der Dienstleistungsqualität den Mitarbeitern klar vermittelt werden. Des Weiteren beschreibt GAP 2 auch die Verfehlung des Marktes, die durch eine unklare Positionierung der Dienstleistung entstehen kann.

## 6.2 Schnittstellen mit GAP 1 und GAP 3

Bei einer Gesamtbetrachtung des GAP-Modells wird klar, dass sich GAP 2 nicht vollkommen getrennt von GAP 1, „dem Unternehmensproblem", und GAP 3, „dem Leistungsproblem", betrachten lässt.

Die Schnittpunkte mit GAP 1 bestehen bei der Erhebung der Kundenerwartungen, denn GAP 1 beinhaltet die Diskrepanz zwischen den tatsächlichen Kundenerwartungen und den vom Management wahrgenommenen Kundenerwartungen. Um dieses GAP erfolgreich zu beseitigen, sind folglich auch Erhebungen und Analysen der Kundenerwartungen nötig, wie bereits erwähnt.

Die Schnittstelle mit GAP 3 ergibt sich auf der „Mitarbeiterseite". Das Leistungsproblem umfasst die Diskrepanz zwischen der Erstellung der Dienstleistung und der Spezifikation der Dienstleistungsqualität durch das Management. Auch hier steht die Wissensvermittlung der Spezifikation der Dienstleistungsqualität, die in GAP 2 definiert wurde, im Vordergrund.

## 6.3 Überbrückung von GAP 2

Bei der Überbrückung des GAPs können Instrumente herangezogen werden, die sowohl die Kunden- als auch die Mitarbeiterseite ansprechen.

Wie kann nun GAP 2 entstehen? Hier spielt unter anderem die Wissensvermittlung der Spezifikationen der Dienstleistungsqualität an die Mitarbeiter eine wichtige Rolle. Es ist notwendig, die Kunden schon in die frühe Phase der Dienstleistungsentwicklung mit einzubeziehen. Dies ist natürlich vor allem bei der Erstellung einer individuellen Dienstleistung sinnvoll. Auf diesem Weg können die Kundenerwartungen schon in einem frühen Stadium richtig interpretiert und somit später erfolgreich umgesetzt werden. Die Entwicklung einer sogenannten kundenorientierten Dienstleistung kann an die klassische Vorgehensweise der Produktentwicklung angelehnt werden.

Abbildung 21:    Ideen- und Produktphase (Quelle: Eigene Darstellung)

Im Folgenden werden die Phasen der Ideensuche, der Bewertung und Auswahl der Ideen näher betrachtet. Die Instrumente der Produkt- und Marktanalyse haben wir in den vorherigen Kapiteln bereits kennengelernt. Für die Phase der Produktentwicklung nutzen wir die Dienstleistungsblaupause als eines der wichtigsten Instrumente und die damit verbundene Herleitung und Definition kundendefinierter Standards als Instrument der Einführung.

## 6.4 Entwicklung einer kundenorientierten Dienstleistung

Bei der Entwicklung einer kundenorientierten Dienstleistung muss zwischen der bereits bestehenden Dienstleistung und einer neuartigen Dienstleistung unterschieden werden. Die bestehende Dienstleistung soll durch die Ideengewinnung verbessert, die neuartige hingegen mithilfe der gewonnenen Ideen erfolgreich kreiert werden. Dies trifft vor allem bei der Entwicklung einer individuellen

Dienstleistung zu, die einen höheren Kundenbezug als die standardisierte aufzeigt.

## Ideengewinnung durch das Management und die Kunden

In erster Linie muss das Management bei der Ideengewinnung aktiv werden. Es bietet sich an, in einem mehrtägigen Workshop die besten Ideen auf „höchster Ebene" zusammenzutragen. Natürlich ist es für eine höhere Anzahl von Ideen hilfreich, wenn die teilnehmenden Manager auf ähnliche Weise im Vorfeld in ihren Abteilungen Ideen sammeln. Zur Ideenfindung können Instrumente wie Kreativitätstechniken genutzt werden. Beispiele sind Brainstorming und Metaplantechnik. Die Kombination dieser beiden Vorgehensweisen bietet sich besonders an, da durch die Metaplantechnik die Ideen des Brainstormings für alle Teilnehmer während eines Workshops visualisiert werden können.

Doch natürlich spielen die Kunden die wichtigste Rolle bei der Sammlung von neuen Ideen. Durch klassische Kundenbefragungen können die Kundenerwartungen erforscht und konkretisiert werden, um die Dienstleistung daran auszurichten. Bei der bereits bestehenden Dienstleistung sollen die Befragungen Informationen über die Kundenzufriedenheit und Verbesserungsvorschläge hervorbringen. Bei der Entwicklung einer kundenorientierten Dienstleistung soll der Kunde dazu veranlasst werden, seine Ideen und Erwartungen an die neue Dienstleistung auszudrücken. Diese klassischen Befragungen können mithilfe von Fragebogen oder durch direkte Ansprachen bspw. auf der Straße oder vor dem Verkaufsort durchgeführt werden. Eine weitere Möglichkeit der Kundenansprache bietet sich direkt nach dem Konsum der Dienstleistung, sofern dies möglich ist.

Diese eher klassischen Methoden können durch Web-2.0-Instrumente in Form von Weblogs – Online-Tagebuch/Journal – erweitert werden. Die Ideen des Managements könnten bspw. auf der Webseite des Unternehmens dargestellt werden und so via Weblog von den Kunden ergänzt werden. Vorteil dieser Methode ist, dass alle Kundenmeinungen gesammelt sichtbar sind und eine hohe Zahl an Einträgen eventuell immer mehr Kunden anregt, ihre Meinung zu publizieren. Ebenso kann das Weblog aktiv genutzt werden, um Diskussionen und Kommentare zu einzelnen Beiträgen anzustoßen, die die erhaltenen Informationen noch weiter konkretisieren können.

Diese Vorgehensweisen können sowohl für standardisierte als auch für individuelle Dienstleistungen genutzt werden. Sie werden jedoch bei der individuellen Dienstleistung eher Anwendung finden, da hierbei verstärkt auf spezielle Kundenwünsche eingegangen wird.

**Ideengewinnung mithilfe des Beschwerdemanagements**

Eine weitere Möglichkeit der Ideengewinnung stellt das Beschwerdemanagement dar. Im Hinblick auf bereits bestehende Dienstleistungen können durch das Beschwerdemanagement nicht erfüllte Kundenerwartungen analysiert und zusammengetragen werden. Im Anschluss können daraus Verbesserungsmöglichkeiten abgeleitet werden. Ebenso können bei der Beschwerdeanalyse auch bisher unbekannte Kundenerwartungen zum Vorschein kommen, die Anlass zur Entwicklung einer neuartigen Dienstleistung geben könnten.

Um die Informationen des Beschwerdemanagements sinnvoll nutzen zu können, müssen diese aufbereitet werden. Dazu eignen sich Datenbanksysteme, regelmäßige Berichte oder statistische Auswertungen.

Um die Informationen des Beschwerdemanagements auf Mitarbeiterseite nutzen zu können, wäre ein Wiki auf der Intranetplattform des Unternehmens denkbar. Das bekannteste Wiki ist das offene Online-Lexikon Wikipedia. Jeder Nutzer kann hier Inhalte abändern oder einstellen. Mithilfe dieses Web-2.0-Instruments könnten Erfahrungen mit Beschwerden gesammelt und laufend aktualisiert werden. Dies wäre vor allem im Qualitätsmanagement oder dem After-Sales-Bereich sinnvoll. Die Analyse kann dazu dienen, Schwachstellen im Ablauf oder der Organisation der Dienstleistung aufzudecken und die Dienstleistung somit laufend zu verbessern.

**Ideenbewertung und -auswahl**

Nach einer erfolgreichen Ideengewinnung durch Management, Kunden und Mitarbeiter, erfolgt die **Bewertung** und Auswahl der besten Ideen als Grundlage der Verbesserung oder Neuentwicklung einer Dienstleistung.

Die gewonnenen Vorschläge aus dem Management-Workshop können wie bei der Ideengewinnung nicht nur von den Kunden via Weblog ergänzt, sondern auch bewertet werden. Da die erhaltenen Informationen als Fließtexte jedoch schwer analysierbar sind, könnte ein interaktiver Fragebogen zum Weblog hinzu geschaltet werden. Somit wären die erhaltenen Bewertungen inhaltlich einfacher auszuwerten. Die Beteiligung der Kunden könnte durch die Teilnahme an einem Gewinnspiel, als Gewinn könnte bspw. ein kostenloser Test der neuen oder verbesserten Dienstleistung in Aussicht gestellt werden, attraktiver gemacht werden.

Eine weitere Möglichkeit wäre die Publikation eines Podcasts mit einer kurzen Videosequenz über die neue oder verbesserte Dienstleistung auf der Webseite des Unternehmens. Ein Podcast enthält eine Audio- oder Videobotschaft, welche insbesondere auch auf mobilen Endgeräten genutzt werden kann. Dies sollte zur besseren Analyse der Bewertung auch wiederum mit dem bereits beschriebenen interaktiven Fragebogen verbunden werden.

Nach einer erfolgreichen Ideenbewertung steht die **Auswahl** der besten Ideen an. Diese fällt in das Aufgabengebiet des Managements. Ein Instrument zur Auswahl stellt unter anderem das Ideenportfolio dar.

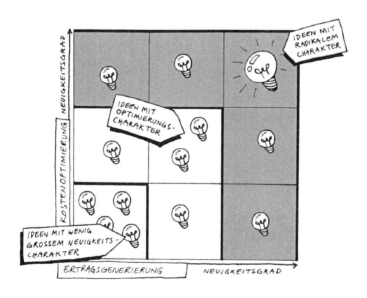

Abbildung 22:    Mögliche Darstellung eines Ideenportfolios (Quelle: Denkmotor 2010, 1)

Mithilfe des Ideenportfolios lassen sich verschiedene Ideen anhand von zwei aussagekräftigen Kriterien bewerten und grafisch anordnen. Beispielkriterien sind die Realisierbarkeit der Idee in Bezug auf Kosten, Zeit oder anderen Ressourcen und die Attraktivität bezüglich der Neuheit oder der Ertragsgenerierung. Diese Methode eignet sich besonders gut, da durch die Definition der Kriterien und die grafische Vergleichbarkeit der Ideen die Entscheidungsfindung erleichtert wird. Weitere Instrumente sind die SWOT-Analyse und das Chancen-Risiken-Inventar. Das Ideenportfolio kann in Verbindung mit dem zuvor genannten Fragebogen am besten eingesetzt werden, da der Fragebogen auch nach den gewählten Kriterien ausgerichtet werden kann.

**Die Dienstleistungsblaupause**

Die Dienstleistungsblaupause dient der Veranschaulichung der einzelnen Prozessschritte des gesamten Dienstleistungsprozesses. Wichtig ist dabei, dass der gesamte Prozess aus Kundensicht analysiert wird.

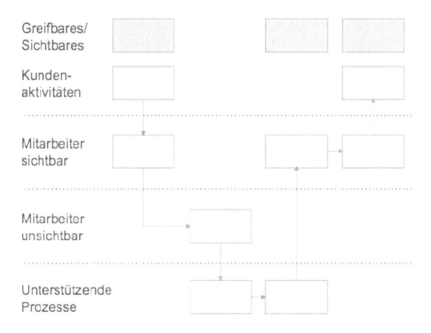

Abbildung 23:     Aufbau der Dienstleistungsblaupause (Quelle: Zeithaml et al. 2006, 268)

Neben der Abfolge der einzelnen Prozessschritte werden bei dieser Methode auch die einzelnen Kundenaktivitäten, das Zusammenspiel zwischen den Mitarbeitern – für den Kunden sichtbar/unsichtbar –, unterstützende Prozesse zur

Durchführung der Dienstleistung (bspw. die Bezahlung am Ende) und alle „greifbaren" Faktoren für den Kunden dargestellt. Unter Letzterem versteht man vor allem Faktoren, die den Eindruck des Kunden gegenüber der Dienstleistung beeinflussen, wie eine bestimmte Kleiderordnung. Es wird nach verschiedenen Niveaus unterschieden, in denen der Mitarbeiter für den Kunden sichtbar bzw. nicht sichtbar ist. Ziel der Dienstleistungsblaupause ist es, vor allem die kritischen Momente, die sogenannten „Moments of Truth", zu analysieren und darzustellen. In diesen Momenten wird der Mitarbeiter direkt mit dem Kunden und seiner Erwartung konfrontiert und es zeigt sich, ob er in der Lage ist, diese zu erfüllen. Des Weiteren dient die Blaupause dazu, wertschöpfende Prozesse aufzuzeigen, bei denen eine Zeit- und Kostenersparnis zu einer nachhaltigen Verbesserung des Gesamtprozesses führen kann.

Im Falle einer bestehenden Dienstleistung können somit die Effizienz der einzelnen Schritte aufgezeigt und Schwachstellen erkannt werden. Bei einer neuen Dienstleistung werden in diesem Schritt die Konzeption der Dienstleistung und ihre Abstimmung auf die Kundenerwartung geprüft. Ziel ist die Erreichung der maximalen Kundenzufriedenheit. Die Erstellung dieser Dienstleistungsblaupause muss durch das Management in Zusammenarbeit mit den Mitarbeitern erfolgen. *„Durch die aktive Einbindung der Mitarbeiter in diesen Prozess kann eine höhere Akzeptanz dieser für die entwickelten Normen und Standards erreicht werden."* (Scheuer 2005) Dies beeinflusst später positiv die Umsetzung der Kundenerwartungen bei der Dienstleistungserbringung.

Bei der Erstellung der Dienstleistungsblaupause muss differenziert werden, ob es sich um eine Neuentwicklung handelt, bei der nur bedingt auf Erfahrungswerte der Mitarbeiter zurückgegriffen werden kann, oder um die Verbesserung einer bestehenden Dienstleistung. Folglich liegt bei einer Neuentwicklung durch das niedrigere Erfahrungspotenzial der Mitarbeiter die Konzeption der Blaupause zum größten Teil auf der Seite des Managements. Die Führungsebene wird die Rahmenbedingungen und Leitlinien des Prozessablaufs festlegen, während die Mitarbeiter mit der detaillierten Ausarbeitung der einzelnen Schritte betraut werden. In Verbindung mit ihren bisherigen Erfahrungen im Umgang mit Kunden können sie somit bei der Entwicklung der neuen Dienstleistung einen wertvollen Beitrag leisten.

Die beste Möglichkeit zur Umsetzung stellen klassische Workshops und Seminare dar, bei denen der direkte Austausch zwischen Management und Mitarbeitern gefördert wird. Zur weiteren Konkretisierung der Kundenerwartungen werden aus der bestehenden Blaupause kundendefinierte Standards abgeleitet.

## Die Herleitung und Definition kundendefinierter Standards

Kundendefinierte Standards dienen der weiteren Konkretisierung der Kundenerwartungen in Bezug auf die Dienstleistungsqualität und werden aus der Dienstleistungsblaupause abgeleitet. Generell unterscheidet man zwischen harten und weichen kundendefinierten Standards. Harte Standards sind messbar, zählbar und können bspw. durch Audits erfasst werden. Sie spiegeln in der Regel Komponenten wie Kosten, Zeit oder dergleichen wider. In Bezug auf die fünf Dimensionen der Dienstleistungsqualität können sie mit der Zuverlässigkeit, der Souveränität (in diesem Fall wird Souveränität als Fachkenntnis verstanden) und den „greifbaren" Faktoren verglichen werden. Die weichen Faktoren hingegen sind schwer messbar und nur bedingt in Zahlen fassbar. Sie sind für den Kunden jedoch insbesondere bei Dienstleistungen im Gesundheitsbereich mit Vertrauensqualität von großer Wichtigkeit. Darunter kann bspw. die Qualität der Beratung, der Umgang mit dem Kunden oder die Freundlichkeit des Servicepersonals fallen. Die weichen Standards entsprechen folglich, bezogen auf die fünf Dimensionen der Dienstleistungsqualität, der Einfühlung, dem Entgegenkommen und der Souveränität (in diesem Fall als die Art des Auftretens zu verstehen).

Ziel der Definition dieser Standards ist es, von abstrakten Kenntnissen über die Kundenerwartung zu immer konkreteren Kenntnissen zu gelangen.

Die folgende Grafik zeigt die konkreten Schritte zur Umsetzung der kundendefinierten Standards.

Abbildung 24:    Herleitung kundendefinierter Standards (Quelle: Eigene Darstellung basierend auf Zeithaml et al. 2006, 306)

Bei allen Schritten der Herleitung kundendefinierter Standards spielt das Management eine sehr wichtige Rolle. Natürlich stehen die Kundenerwartungen im Mittelpunkt, doch fungieren die Kunden und Mitarbeiter bei der beschriebenen Vorgehensweise unterstützend und beratend. Die Schritte sind im Einzelnen: Schritt eins, **Identifizierung der gewünschten Dienstleistung** aus Kundensicht, ist wie bei der Ideengewinnung und -bewertung essentiell. Informationen über die Kunden können wie beschrieben auf vielfältige Art und Weise gewonnen werden, bspw. durch die Erfahrungen der Mitarbeiter oder Kundenerhebungen. Die gesammelten Informationen könnten innerhalb eines Workshops zusammengetragen werden. Ein abschließender Workshop des Managements dient der Zusammenfassung und Bewertung der auf diese Weise gefundenen Informationen.

Die **Übersetzung der Kundenerwartung** in Verhaltensweisen und Aktionen als zweiter Schritt kann nur durch eine sehr detaillierte Befragung der Kunden erreicht werden. Dies kann am besten durch die direkte Ansprache realisiert werden, da der persönliche Kontakt immer tiefgreifendere Fragen erlaubt und damit individueller auf den Kunden eingegangen werden kann. Hierbei können sogenannte Kundenräte hilfreich sein. Kundenräte bestehen aus einer heterogenen Kundenschaar, die dem Unternehmen verbunden ist und diesem Ideen und Rückmeldung aus Kundensicht bereitstellt.

Bei Schritt drei, **Standards für Verhaltensweisen und Aktionen**, ist die Beteiligung der Mitarbeiter sinnvoll, um die Akzeptanz der so definierten Verhaltensweisen und Aktionen zu erhöhen. Zudem wird somit gleichzeitig deren Realisierbarkeit überprüft. Dies ist vor allem bei individuellen Dienstleistungen wichtig, da der Kunde hier höhere Ansprüche an eine individuelle Umsetzung der gewünschten Dienstleistung stellt. Die Einschätzung der Logistikleistung einer Versandapotheke durch den Kunden könnte etwa wie in der folgenden Grafik dargestellt aussehen.

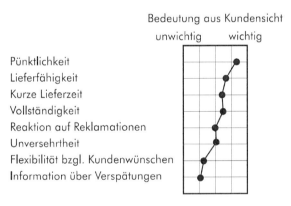

Abbildung 25:    Einschätzung der Logistikleistung durch den Kunden (Quelle: Niess et al. 2006b, 98)

Die Entscheidung, ob **harte oder weiche Standards** angebracht sind (Schritt vier), obliegt dem Management. Eine Einbeziehung der Mitarbeiter wäre zeitintensiv und aufwendig und daher eher kontraproduktiv. Ein direkter Austausch des Managements ist hier zielorientierter.

Die **Entwicklung von Rückkopplungsmechanismen** (Schritt fünf) ist auch primär Aufgabe des Managements, doch sollten Erfahrungswerte der Mitarbeiter berücksichtigt werden. Dadurch wird die Realisierbarkeit des Mechanismus überprüft. Ein Beispiel für einen Rückkopplungsmechanismus wäre eine digitale Signatur oder ein RFID Chip (Radio Frequency Identification, ein Funk Chip) –

bspw. auf Röntgenbildern. So können vor allem harte Standards wie die Bearbeitungszeit hervorragend erfasst und analysiert werden. Zusätzlich könnten die Erfahrungswerte der Mitarbeiter hierbei mithilfe eines Weblogs erfasst werden, um realisierbare Rückkopplungsmechanismen zu definieren.

Bei der **Festlegung der Ziele und Messgrößen** (Schritt sechs) ist das Management in Verbindung mit dem Kunden gefragt. Durch Wettbewerbsvergleiche können zunächst geeignete Messgrößen und Ziele definiert werden. Diese können bspw. die Bearbeitungszeit oder die Pünktlichkeit der Behandlung in einer Gesundheitspraxis sein. Um die Messgrößen und Ziele treffend auf die Dienstleistung abzustimmen, müssen die Erwartungen und vor allem die Toleranz der Kunden in Bezug auf diese Kriterien bekannt sein.

Der **Vergleich der Messungen** (Schritt sieben) wird wiederum durch das Management mit Unterstützung der Mitarbeiter durchgeführt. Hier bietet sich ein Face-to-face-Austausch an.

Die **Information der Mitarbeiter** über die erhaltenen Daten (Schritt acht) spielt eine sehr wichtige Rolle. Nur durch eine umfassende Information der Mitarbeiter kann die Dienstleistung nachhaltig verbessert und den Kundenerwartungen angepasst werden. Die gewonnenen Daten aus den Vergleichen der festgelegten Standards und der tatsächlichen Ergebnisse können im Intranet in Form von regelmäßigen Berichten publiziert oder auch den Mitarbeitern mittels Aushang oder Ausdruck zur Verfügung gestellt werden. Über einen Weblog könnten die Meinungen der Mitarbeiter zusätzlich gesammelt werden. Auch ein Wiki zur Informationsvermittlung wäre denkbar.

Die periodische Anpassung der Ziele und Leistungen (Schritt 9) muss ausgehend vom Management in Zusammenarbeit mit den Mitarbeitern realisiert werden. Hier bietet sich die gleiche Vorgehensweise wie bei Schritt sieben an.

**Vermittlung der spezifizierten Standards an Mitarbeiter**

Dieser Abschnitt beschäftigt sich mit der Vermittlung der entwickelten Dienstleistungsstandards an alle relevanten Mitarbeiter, auch an die nicht bei der Erstellung der kundendefinierten Standards beteiligten Mitarbeiter. Nachdem der gewünschte Dienstleistungsvorgang in einer Blaupause zusammengefasst und sämtliche Schritte des Kundenkontaktes normiert wurden, müssen nun alle Mitarbeiter über die neuen Standards informiert werden. Hierbei sind vor allem diejenigen bedeutend, die an der Erstellung der Dienstleistung beteiligt sind und mit dem Kunden in sichtbaren oder unsichtbaren Kontakt treten.

Für die Vermittlung können verschiedene Wege eingeschlagen werden. Es können zum einen abteilungsspezifische Meetings genutzt werden, in denen der zuständige Abteilungsleiter oder ein Vertriebstrainer über die neuen Abläufe informiert. Außerdem kann man spezifische Seminare dafür nutzen, diese Dienstleistungsstandards zu trainieren und zu vermitteln.

## Unterstützungssysteme zur Umsetzung der Standards

Auch wenn bereits die Vermittlung der neuen Dienstleistungsstandards erfolgt ist, können Unterstützungssysteme dabei helfen, dass Dienstleistungen immer in gleicher Art und Weise erfolgen. Leitfäden für Gesprächsabläufe können hierbei nützlich sein. Diese helfen dem Mitarbeiter, immer dieselbe Gesprächsstruktur zu verwenden, ohne wichtige Details zu vergessen. Leitfäden können nicht nur bei Telefongesprächen eingesetzt werden, sondern auch in einem längeren persönlichen Gespräch mit dem Kunden. Hierbei muss sensibel auf die Kundenbedürfnisse nach Standardisierung und individueller Behandlung geachtet werden. Hilfreich kann zu Beginn der Ausdruck der Dienstleistungsblaupause oder einiger Teile davon in Form eines Ablaufplanes sein. Insbesondere wenn viele Verzweigungen in der Dienstleistungsblaupause und Kombinationsmöglichkeiten von Standardmodulen bei Gesundheitsdienstleistungen bestehen, kann dies hilfreich sein. Infolge des fehlenden Sichtkontaktes wird ein solches Hilfssystem insbesondere bei telefonischem Kontakt nur Vorteile bringen. Weitere Hilfssysteme sind Videoaufzeichnungen oder Situationstrainings, wie sie oft bei Vertriebsschulungen Standard sind.

Auch können Kundenzufriedenheitsbefragungen mithilfe von interaktiven Fragebögen auf der Unternehmenshomepage als Kontrollinstrument der richtigen Durchführung des Kundengespräches dienen.

## Strategische Verbesserung der Dienstleistungsqualität

Die strategische Verbesserung der Dienstleistung zielt darauf ab, diese noch besser auf die Kundenanforderungen auszurichten. Die wichtigsten drei Instrumente der strategischen Verbesserungen der Dienstleistungsqualität sind das Dienstleistungs-Benchmarking, die Geschäftsprozessanalyse und die Ausrichtung des „Lean-Prinzips" auf den Kunden.

Beim **Benchmarking** werden die eigenen Dienstleistungsstrukturen und Bestandteile mit den besten der eigenen und der fremder Branchen verglichen. Dadurch positioniert ein Unternehmen seine Dienstleistungen im Markt und kann sie längerfristig an die Standards des Marktführers anpassen und sogar über diese hinaus verbessern. Die Schwierigkeit des Benchmarkings liegt jedoch in der Informationsgewinnung der Blaupausenstruktur und den damit verbundenen Standards. Als herkömmliches Instrument können an dieser Stelle Testkäufe helfen, sofern möglich. Gegen dieses Instrument sprechen jedoch Kosten und Aufwand, da die Dienstleistungen in vielen verschiedenen Varianten vorkommen können und die Identifikation dieser verschiedenen Variationen sehr zeitaufwendig und schwierig werden kann. Außerdem lässt sich nicht an jedem Markt ein klarer Benchmark identifizieren. Für manche Branchen kann der Kundenmonitor Benchmarks liefern. Als Alternative kann das Monitoring hier Anwendung finden. Monitoring bezeichnet das Beobachten von Einträgen im Internet. Es können bspw. öffentlich zugängliche Foren, Blogs und Communities nach Meinungen und Trends durchsucht werden. Die am meisten gewünschten Dienstleistungsstandards können hierdurch tagesaktuell identifiziert werden und somit das Benchmark für die Branche oder den Gesamtmarkt aufgezeigt werden (Knappe & Kracklauer 2007). Zusätzlich können Foren und Blogs auf der Unternehmenshomepage Meinungen zu Dienstleistungen von Mitbewerbern einholen, um so wichtige Standards von anderen Unternehmen identifizieren und mit den eigenen Dienstleistungsstandards vergleichen zu können. Auch können bereits vorhandene Befragungen analysiert oder neue Kundenbefragungen mit interaktiven Fragebögen eingeholt werden.

Ein weiteres Instrument der strategischen Qualitätsverbesserung von Dienstleistungen ist die **Prozessanalyse**, in der vor allem die „Moments of Truth" untersucht werden. Diese „Momente der Wahrheit" beschreiben die Augenblicke, in denen der Kunde mit einem Dienstleistungsmitarbeiter in Kontakt tritt, und sind von höchster Bedeutung. In diesen Momenten macht sich der Kunde von der Dienstleistung sein eigenes Bild, welches über Zufriedenheit oder Unzufriedenheit entscheidet. Bei der Geschäftsprozessanalyse wird nun untersucht, welche Bedürfnisse erfüllt werden müssen und was bei einzelnen Prozessschritten misslingen kann. Dabei können die Schritte der Kundenaktivitäten aus der Dienstleistungsblaupause übernommen werden. Für jeden Schritt wird gefragt, was hier misslingen kann. Welche Ressourcen (Mensch, Material, Mittel, Methode) stehen zur Verfügung? Wikis können ein weiteres Instrument sein. Mitarbeiter können darin Kundenäußerungen notieren. Die Inhalte dieses Nachschlagewerkes geben Aufschluss über die für den Kunden zufriedenstellende Ausführung der einzelnen Dienstleistungsprozesse („Moments of Truth"). Dadurch, dass Mitarbeiter die gemachten Erfahrungen in Wikis einspeisen können, können diese auch als Instrument für den KVP (Kontinuierlicher Verbesserungsprozess) dienen.

Die Ausrichtung des **Lean-Prinzips** ist ein weiteres Instrument der strategischen Verbesserung der Dienstleistungsqualität und fokussiert sich auf die Maximierung aller wertschöpfenden Prozesse. Dies bedeutet, dass das Management bei dieser Strategie das ganze Geschäftssystem auf den Kunden ausrichtet und versucht, alle übrigen Prozesse zu minimieren. Auch hierbei kann wieder die Dienstleistungsblaupause verwendet werden. Es wird gefragt, welche Schritte wertschöpfend sind. Diese können eingefärbt werden, die nicht-wertschöpfenden Schritte können minimiert oder gar weggelassen werden.

**Positionierung der Dienstleistung**

Nachdem die kundendefinierten Standards hergeleitet, vermittelt, umgesetzt und strategisch verbessert wurden, besteht die letzte Aufgabe darin, diese insgesamt zu positionieren. Hierbei ist es besonders wichtig, dass die entwickelte Dienstleistung in die Gesamtstrategie des Unternehmens passt und auf die Kundenbedürfnisse abgestimmt wird. Um die Positionierung der Dienstleistung zu überprüfen, stehen dem Management verschiedene Instrumente zur Verfügung. Darunter fallen das Netzwerk der Wahrnehmungen, die Dimensionen der Dienstleistungsqualität, das 7P-Modell und das Diagramm der Kundenwahrnehmungen.

Das **Netzwerk der Wahrnehmung** hilft bei der Analyse der Wahrnehmungen der Kunden, des Unternehmens und auch der Konkurrenz. Der Dienstleistungsmanager muss sich fragen: Wie nimmt der Kunde mein Unternehmen, wie die Hauptkonkurrenten wahr? Was sind die Hauptvariablen? Möchte ich mich mit den Wettbewerbern ähnlich positionieren? Auf die Wahrnehmung der Dienstleistung des eigenen Unternehmens bezogen, kann das Diagramm der Kundenwahrnehmung helfen. Es soll die Dienstleistung in Attribute einteilen und die Verhältnisse dieser zwischen Kosten des Unternehmens und Wertschätzung des Kunden untersuchen. Somit können ausgelassene Chancen (Wertschätzung >

Kosten) erkannt und in die Dienstleistung mit eingebracht werden und „Over-kill-Attribute" (Wertschätzung < Kosten) aus dem Dienstleistungsprozess entfernt werden.

Die **Dimensionen der Dienstleistungsqualität** helfen dem Management, die standardisierte Dienstleistung nach den Faktoren Zuverlässigkeit, Entgegenkommen, Souveränität, Einfühlungsvermögen und Greifbares auszurichten und mit der Gesamtstrategie in Einklang zu bringen.

Auch das **7P-Modell** orientiert sich an der Bewertung und Anpassung der standardisierten Dienstleistung, jedoch mit den sichtbaren Faktoren des Marketings: „**Price**", „**Place**", „**Promotion**", „**Product**", „**Profess**", „**Physical Evidence**" und „**People**". Je nach adressierter Kundengruppe sollten die in der unten angeführten Grafik oder durch das Dienstleistungsunternehmen ermittelten Kundenbedürfnisse priorisiert und durch die Elemente des Dienstleistungs-Marketing-Mixes zum Ausdruck kommen.

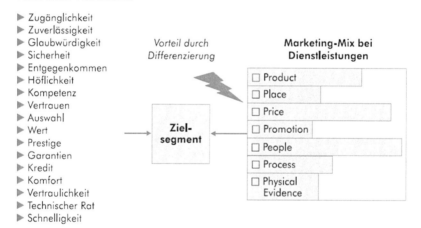

Abbildung 26:    Positionierung über den Dienstleistungs-Marketing-Mix (Quelle: Jobber 2004, 811)

Nachdem nun exakte Spezifikationen und Unterstützungssysteme der Dienstleistung erstellt wurden, müssen diese umgesetzt werden, um im Folgenden GAP 3 zu schließen.

# 7 GAP 3 – das Leistungsproblem

Ausgehend von einer vorhandenen, exakten Spezifikation der Dienstleistung seitens des Managements gilt es nun, dass die Mitarbeiter diese Spezifikation auch umsetzen, um GAP 3 zu schließen. In diesem Kapitel werden nach einer Beschreibung von GAP 3 die drei Hauptursachen des Auftretens dieses GAPs und die prinzipiellen Ansatzpunkte zur Überbrückung angeführt. Zu jeder der drei Ursachen werden im Folgenden Instrumente zur Überbrückung vorgestellt.

## 7.1 Beschreibung von GAP 3

Das „Leistungsproblem" wird nach Zeithaml et al. (2006) als GAP 3 bezeichnet. Dieses Problem kennzeichnet die Lücke zwischen der vorgegebenen und der tatsächlich gelieferten Dienstleistung. Anders ausgedrückt bedeutet dies, dass es Diskrepanzen zwischen der Umsetzung der wahrgenommenen Kundenerwartungen in Spezifikation der Dienstleistungsqualität und der Erstellung von Dienstleistungen gibt. Die Qualitätsstandards zur Umsetzung sind also definiert und vom Management vorgegeben, der Mitarbeiter (Dienstleistender) setzt diese bei der Erstellung der Dienstleistung jedoch nicht in der vorgesehenen Weise um. Dieses Verhalten kann verschiedene Gründe haben. Nach Bieger (1998) bestimmt hauptsächlich *„die Fähigkeit, die Motivation, die Werkzeuge und der Gestaltungsfreiraum der Mitarbeiter"* ihre Leistung. Aus dieser Aussage lassen sich drei Hauptursachen bzw. Verbesserungsbereiche ableiten, auf welche sich die folgenden Abschnitte konzentrieren.

## 7.2 Hauptursachen für das Entstehen von GAP 3

Die mangelhafte Erstellung der Dienstleistung und damit das Auftreten von GAP 3 können insbesondere die in der folgenden Grafik abgebildeten drei Ursachen haben.

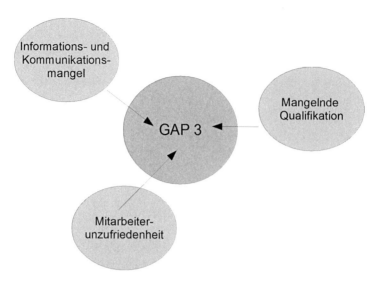

Abbildung 27:    Hauptursachen für das Entstehen von GAP 3 (Quelle: Eigene Darstellung)

Das Auftreten der Hauptursachen wird oftmals von den in Klammer angegebenen Faktoren begünstigt:

- Informations- und Kommunikationsmangel (→ unzureichende Werkzeuge)

- Mangelnde Qualifikation (→ unzureichende Fähigkeit)

- Mitarbeiterunzufriedenheit (→ unzureichende Motivation und zu wenig
  Gestaltungsfreiraum).

Der letzte Grund, die Unzufriedenheit der Mitarbeiter, kann ein generelles Problem und Hauptverursacher von GAP 3 sein.
Um das Leistungsproblem zu überbrücken, müssen mehrere Ansatzpunkte identifiziert werden. Das Dienstleistungsmarketingdreieck, bereits eingeführt, spielt
hierbei die wichtigste Rolle. Wie beschrieben, setzt es die drei Hauptakteure im
Dienstleistungssektor, das Unternehmen/Management, die Mitarbeiter und natürlich die Kunden, zueinander in Beziehung und kennzeichnet die jeweiligen
Verbindungen durch unterschiedliche Aspekte des Marketings: Externes, internes und interaktives Marketing.

Auf dem externen Marketing liegt bei dem Ziel der Überbrückung von GAP 3 kein so zentraler Fokus. Es ist der Verbindungsstrang zwischen Unternehmen und Kunden, hier geht es darum, „Zusagen" bzw. ein „Versprechen zu machen". Dies ist Hauptbestandteil von GAP 4. Das externe Marketing baut außerdem das Image des Dienstleistungsunternehmens, also dessen Wirkung nach außen, auf.

Bei der Betrachtung von GAP 3 ist das interne Marketing besonders relevant. Dieses konzentriert sich auf die „Ermöglichung, die Zusagen/Versprechen einzuhalten", und verbindet somit das Unternehmen mit seinen Mitarbeitern. Das interne Marketing steht ebenfalls für die Mitarbeiterzufriedenheit, welche direkte Auswirkungen auf die Kundenzufriedenheit hat und somit von primärer Bedeutung für die Überbrückung von GAP 3 ist.

Auch das interaktive Marketing ist ein zentrales Thema im Zusammenhang mit dem Leistungsproblem. Hier geht es darum, die „Zusagen/Versprechen einzulösen". Es kennzeichnet die Verbindung zwischen Mitarbeiter (Dienstleistender) und den Kunden und repräsentiert somit nach Germann et al. (2010) die Kundenzufriedenheit.

Je nach Ausmaß der Kundenbeteiligung an der Dienstleistung kann das Leistungsproblem eher groß oder eher klein sein. Deshalb ist es wichtig, je nach Dienstleistung abzuwägen, wie stark der Kunde eingebunden wird: Stark – bei einer individuellen Dienstleistung (Unternehmensberatung), gering – bei einer Standard-Dienstleistung (Schnellrestaurant).

Zur Überbrückung des Leistungsproblems und zur Erhöhung der Dienstleistungsqualität ist die Qualität der Mitarbeiter von essentieller Bedeutung. Sie kann durch vier mitarbeiterbezogene Maßnahmenfelder sichergestellt werden. Diese sind in der folgenden Abbildung, dem Personal-Zyklus der Mitarbeiter- bzw. der Dienstleistungsqualität, dargestellt.

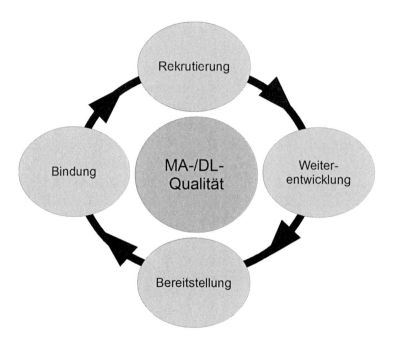

Abbildung 28:   Personal-Zyklus der Mitarbeiter- bzw. Dienstleistungsqualität (Quelle: Eigene Darstellung)

Die genannten drei Hauptursachen der Entstehung von GAP 3 können folgenden Ansätzen zur Überbrückung zugeordnet werden:

- Informations- /Kommunikationsmangel: Bereitstellung von Informationen und Unterstützungssystemen

- Mangelnde Qualifikation: Rekrutierung und Weiterentwicklung der Mitarbeiter

- Mitarbeiterunzufriedenheit: Bindung, Bereitstellung und Weiterentwicklung der Mitarbeiter

Die folgenden Kapitel thematisieren jeweils eine der angeführten drei Hauptursachen für GAP 3. Anschließend werden Instrumente zur Überbrückung vorgestellt.

Manche Instrumente eignen sich besonders gut, um speziell eine der drei Ursachen zu bekämpfen, andere aber auch, um mehrere der drei Probleme gleichzeitig zu beheben. Die folgende Abbildung stellt mitarbeiterbezogene Maßnahmen innerhalb des Personalzyklusses dar.

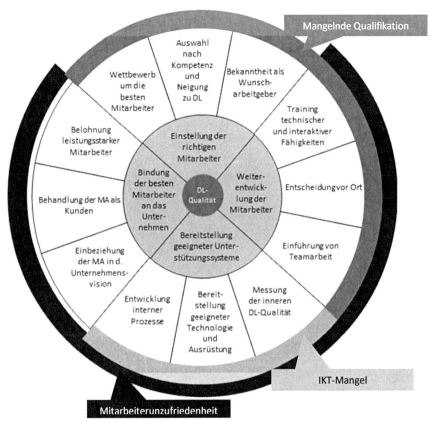

Abbildung 29:  Mitarbeiterbezogene Maßnahmen zur Vermeidung der drei Hauptursachen von GAP 3 (Quelle: In Anlehnung an Zeithaml et al. 2006, 356)

Die im Folgenden angeführten Instrumente je Hauptursache des GAPs können dazu genutzt werden, die dargestellten Maßnahmen praktisch umzusetzen.

## 7.3   Informations- bzw. Kommunikationsmangel

Die erste Ursache, warum es zu einer „Lücke" bei der Dienstleistungsqualität kommen kann, beruht auf einer mangelhaften Weitergabe von Informationen, die für eine reibungslose Umsetzung der Dienstleistung von hoher Bedeutung sind. Diese Weitergabe von Informationen erfolgt in der Regel vom Management des Unternehmens an seine Mitarbeiter und betrifft somit, wie bereits erwähnt, die Achse des internen Marketings im Dienstleistungsmarketingdreieck. Dabei geht es darum, dass das Management die Vorgaben für die Dienstleistungserstellung spezifiziert, diese aber von den Mitarbeitern nicht entsprechend umgesetzt werden. Somit lässt sich auf ein Problem bei der internen Kommunikation bzw. beim Informationsfluss schließen. Das Unternehmen kommuniziert also bspw. in ungenügender Art und Weise seine Vorstellungen und Direktiven an seine Mitarbeiter, und es entsteht eine Lücke in der Dienstleistungsqualität, welche unbedingt geschlossen werden will. Ein stockender Informationsfluss kann zum Beispiel auf eine schlechte technische Ausstattung an internen Kommunikationsmitteln im Unternehmen zurückzuführen sein. Des Weiteren könnte die Vorgehensweise, wie Informationen an die Mitarbeiter weitergegeben werden, sehr allgemein gehalten werden und wenig mitarbeiterspezifisch ausfallen. Hierbei könnte eine Bereitstellung geeigneter technologischer Unterstützungssysteme Abhilfe schaffen.

**Instrumente zur Überbrückung von Informations- und Kommunikationsmangel**

Bei der klassischen Kommunikation zwischen Management und Mitarbeiter handelt es sich um eine reine Bereitstellung der Informationen (Push-Prinzip), auf welche der Mitarbeiter nicht unmittelbar reagieren kann (Bewertung, Kommentar, Feedback). Dies ist eine einseitige Form der Kommunikation, vom Management an die Mitarbeiter, und dient somit nicht unbedingt als geeignete Maßnahme zur Schließung der Lücke, denn die Mitarbeiter können dem Management nicht direkt kenntlich machen, dass sie das Kommunizierte nicht nur gehört oder gelesen, sondern auch verstanden haben.

Management

Mitarbeiter

Abbildung 30:   Einseitiger Informationsfluss vom Management an die Mitarbeiter (Quelle: Eigene Darstellung)

*Interner Aushang*

Das Management kommuniziert Veränderungen, Entwicklungen oder Ziele über einen Aushang am „Schwarzen Brett" des Unternehmens. Dies kann sowohl wöchentlich als auch monatlich oder quartalsweise erfolgen. Damit können zwar tendenziell alle Mitarbeiter angesprochen und über neue Erkenntnisse bezüglich der Dienstleistungserstellung informiert werden, es ist jedoch fraglich, ob tatsächlich jeder Mitarbeiter regelmäßig auf diese Aushänge zurückgreift und sich somit auf dem Laufenden hält. Zudem ist diese Art der Kommunikation als sehr indirekt anzusehen, da die Mitarbeiter nicht persönlich angesprochen, sondern von einem unpersönlichen „Schwarzen Brett" über Neuerungen informiert werden. Dabei drängt sich die Frage auf, inwiefern die bereitgestellten Informationen von den Mitarbeitern auch tatsächlich verinnerlicht werden bzw. wie hoch der Motivationsgrad ist, sich so auf den neuesten Stand bringen zu lassen.

*Firmeninterner Postkasten*

Einen weiteren Ansatzpunkt bietet ein firmeninterner Postkasten für jeden Mitarbeiter. Über diese „Kommunikations-Boxen (Com-Box)" kann das Management in regelmäßigen Abständen seine Mitarbeiter ansprechen. Es verteilt bspw. einen Ausdruck, der über Maßnahmen, Neuigkeiten und Verhaltensweisen bei der Dienstleistungserstellung informiert. Somit ist sichergestellt, dass jeder Mitarbeiter früher oder später von diesen Entwicklungen Kenntnis nimmt, allerdings bleibt abzuwarten, wie regelmäßig jeder Mitarbeiter auf seine Com-Box und die darin bereitgestellten Informationen zurückgreift. Wiederum gilt es hier anzumerken, dass solch ein schlichter Informationsausdruck vom Mitarbeiter lediglich hingenommen werden kann. Ihm wird hierbei nicht die Möglichkeit eingeräumt, eine unmittelbare Reaktion darauf zu äußern, aus der wiederum das Management eventuell hilfreiche Schlüsse ziehen könnte.

*Massen-E-Mail*

Ähnlich verhält es sich in einem Unternehmen, das sich eines fortschrittlicheren Kommunikationsmediums bedient, der E-Mail. Mitarbeiter mittels einer Massen-E-Mail zu informieren, ist mittlerweile ein gängiges Mittel. Allerdings ist auch dieses Instrument kritisch zu betrachten, denn diese Art der Weitergabe von Informationen ist ebenfalls sehr unpersönlich. Die Frage nach der Aufnahme und Verarbeitung dieser Kommunikation seitens der Mitarbeiter stellt sich auch hier. Der Verfasser der E-Mail erwartet oftmals nicht unbedingt eine Antwort bzw. Reaktion, sondern liefert lediglich Informationen an ein breites Spektrum von Mitarbeitern. Interaktivität stellt sich nicht ein. Ein Trend in der heutigen Arbeitswelt geht deutlich in Richtung dieser Massenkommunikation, doch oftmals erhalten Mitarbeiter solche E-Mails auch dann, wenn sie nicht direkt von ihrem Inhalt betroffen sind. Der Mitarbeiter verliert eventuell das Interesse, von diesem Informationsfluss ernstlich Notiz zu nehmen. Aus diesen Gründen kann selbst die Nutzung einer modernen Form der Kommunikation, in diesem Fall die Massen-E-Mail, nicht ausschließen, dass die Qualitätslücke nicht überbrückt wird.

Wichtig ist deshalb bei allen drei Instrumenten für einfache Formen des Feedbacks zu sorgen, mit „Abreißkarten" an Wurfsendungen, einer „Mitarbeiter-Feedbackbox" oder einem Feedback-Anhang an der E-Mail. Die Ermunterung zum Feedback durch das Management ist dabei ein zentraler Baustein, um die Kommunikation zweiseitig zu gestalten.

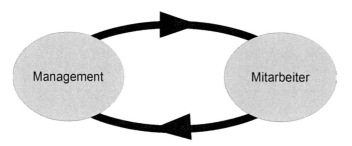

Abbildung 31:   Beidseitiger Informationsfluss von Management zu Mitarbeiter und zurück
(Quelle: Eigene Darstellung)

## 7.4   Mangelnde Qualifikation

Eine mangelnde Qualifikation der Mitarbeiter kann ein negatives Bild auf das Unternehmen werfen und somit das Kundenverhältnis bzw. die Kundenzufriedenheit verschlechtern. Dem Mitarbeiter muss deshalb bewusst sein, dass er eine direkte Wirkung auf die Meinung der Kunden über die Dienstleistung hat.

Wichtig sind folglich der Qualifikationsstand zu Einstellungsbeginn sowie die Weiterentwicklung der Mitarbeiter. Wesentlich ist auch, dass das Management dem Mitarbeiter eine entscheidende Rolle mit eigener Verantwortung im Dienstleistungsprozess gibt. Nur auf diese Weise kann eine kundenorientierte Dienstleistungsqualität garantiert werden.

Nachfolgend sind die Dimensionen der persönlichen Weiterentwicklung dargestellt.

| Qualifikation:<br>Das 6-Kompetenzen-Modell | Motivation:<br>Die 5 Ebenen der Motivation | Identifikation |
|---|---|---|
| - Fachlich<br>- Kommunikativ<br>- Methodisch<br>- Organisatorisch<br>- Strategisch<br>- Persönlich | - Wollen<br>- Versuchen<br>- Kontinuierlich anwenden<br>- Weiterentwickeln und variieren<br>- Auch bei Widerständen beibehalten | - Mit dem eigenen<br>Unternehmen<br>- Mit den Produkten<br>- Mit den Menschen |

Tabelle 5:    Qualifikation, Motivation und Identifikation von Mitarbeitern (Quelle: Eigene Darstellung)

In den sechs Bereichen der Qualifikation kann und sollte der Mitarbeiter je nach Einsatz- und Aufgabenfeld geschult und weiterentwickelt werden. Kompetenz und Qualität der Mitarbeiter sind besonders im Dienstleistungssektor Schlüsselaspekte und eine der wichtigsten Voraussetzungen für eine reibungslose und richtige Erstellung der Dienstleistung.

Um eine mangelnde Qualifikation der Mitarbeiter zu vermeiden, können unterschiedliche Instrumente genutzt werden, die im Folgenden angeführt werden.

**Instrumente zur Überbrückung von mangelnder Qualifikation**

Der Qualifikationsstand zu Einstellungsbeginn wird bereits beim Rekrutierungsprozess geprüft.

*Klassische Assessments: Fach- und Persönlichkeitstests*

Diese Tests werden häufig vor Ort (im Unternehmen), in Papierform und unter Aufsicht durchgeführt und dienen dazu, Qualifikationen und Kompetenzen zu überprüfen bzw. Persönlichkeiten zu identifizieren.

Wurde ein Mitarbeiter rekrutiert, wird das Thema Weiterbildung relevant. Dazu stehen dem Management unterschiedliche Instrumente zur Verfügung.

*Coaching-on-the-job und Mentoring*

Eine Möglichkeit, mangelnder Qualifikation bei Mitarbeitern entgegenzuwirken, bietet das Coaching-on-the-job. Dabei steht eine qualifikationsfördernde Aufgabengestaltung für den Mitarbeiter im Vordergrund (z. B. Job Enlargement, Job Enrichment, Job Rotation etc.). Einen ähnlichen Aspekt deckt das Mentoring ab. Dabei wird ein erfahrener Mitarbeiter einem unerfahrenen, meist jüngeren Kollegen als Mentor zugeteilt. So soll sichergestellt werden, dass das Wissen und die Berufserfahrung des Mentors kontinuierlich an den jüngeren Angestellten weitergegeben wird und dieser somit an Qualifikation gewinnt.

*Pressespiegel- und Fachzeitschriften*

Ein weiteres Mittel, um sich weiterzubilden, stellt der Erwerb von zusätzlichen Informationen durch Lesen dar. Dies dient insbesondere der Informationsgewinnung über die Dienstleistung selbst, die Branche, den Markt, die Wettbewerber des Unternehmens sowie auch zu Bedürfnissen und Erwartungen der Kunden. Die verantwortliche Abteilung eines Unternehmens könnte somit solche Informationen sammeln, scannen und diese in regelmäßigen Presseschauen den Mitarbeitern zur Verfügung stellen. Neben Pressespiegeln sind auch Fachliteratur/Fachzeitschriften eine sehr gute Informationsquelle zur Weiterbildung.

*Schulungen und Seminare*

Das traditionelle Instrument zur Qualifikations- und Kompetenzerweiterung stellen die klassischen Schulungen bzw. Seminare dar.[5]

## 7.5 Mitarbeiterunzufriedenheit

Der Mitarbeiter bzw. Dienstleister hat direkten Kundenkontakt bei der Erstellung der Dienstleistung und ist somit von großer Wichtigkeit. Beim Leistungserstellungsprozess verkörpert dieser gleichzeitig die Dienstleistung, die Organisation/das Unternehmen, die Marke sowie das Marketing. Er „ist" sozusagen die Dienstleistung. Folglich hängt die Leistungsqualität der Dienstleistung im „Moment of Truth" laut Bieger (1998) alleine vom Mitarbeiter ab. In einigen Fällen, wie bei Ärzten oder Therapeuten, fällt das Erstellen und Liefern der Dienstleistung sogar zusammen.

---

[5] Auf diese Maßnahme wird im Kapitel Mitarbeiterunzufriedenheit näher eingegangen.

Die Mitarbeiterzufriedenheit generiert eine gewinnbringende Wirkungskette für Dienstleistungsunternehmen: Wer zufriedene Mitarbeiter hat, hat zufriedene Kunden und folglich gute Gewinne. Dementsprechend verursachen unzufriedene Mitarbeiter Unzufriedenheit bei Kunden und schließlich verminderte Gewinne. Um solch eine negative Entwicklung zu verhindern, ist es daher von zentraler Bedeutung, dass besonders Unternehmen im Dienstleistungssektor die Zufriedenheit ihrer Mitarbeiter sicherstellen. An dieser Stelle greift nun das interne Marketing als Schnittstelle zwischen Unternehmen/Management und den Mitarbeitern. Nach Piercy & Morgan (1991) umfasst dies *„(…) sämtliche Maßnahmen, die auf Kenntnisse, Einstellungen und Verhaltensweisen von unternehmensinternen Kunden (z. B. aktuelle, ehemalige, potentielle Mitarbeiter, Abteilungen, Niederlassungen) auf unterschiedlichen hierarchischen Ebenen einwirken"*.

Unter Einbeziehung verschiedener Aspekte definieren Bruhn & Meffert (1998) das interne Marketing wie folgt:

> „Internes Marketing ist die systematische Optimierung unternehmensinterner Prozesse mit Instrumenten des Marketing- und Personalmanagements, um durch eine konsequente und gleichzeitige Kunden- und Mitarbeiterorientierung das Marketing als interne Denkhaltung durchzusetzen, damit die marktgerichteten Unternehmensziele effizient erreicht werden."

Aus dieser Definition lassen sich der grundlegende Kreislauf von Mitarbeiter- und Kundenzufriedenheit und deren gegenseitige Bedingung ableiten. Nachfolgende Übersicht soll die internen und externen Ziele des internen Marketings nach Bruhn & Meffert (1998) darstellen.

|  | Intern | Extern |
|---|---|---|
| **Strategisch** | Mitarbeitercommitment ggü. Kunden und Unternehmen<br>Internes und externes Kundenbewusstsein<br>**Mitarbeiterzufriedenheit** | Kundenbindung<br>Positive Mund-zu-Mund-Kommunikation<br>Kundengewinnung |
| **Operativ/<br>taktisch** | Einstellungs- und Verhaltensänderungen beim Management<br>Identifikation der Mitarbeiter mit den Unternehmenszielen<br>Know-how der Mitarbeiter | Positive Wahrnehmung der Dienstleistungsqualität<br>Kontaktzufriedenheit<br>**Kundenzufriedenheit** |

Tabelle 6:     Ziele des internen Marketings (Quelle: Bruhn & Meffert 1998)

Wie bereits erwähnt, muss die Mitarbeiterzufriedenheit sichergestellt werden, um Kundenzufriedenheit zu erlangen. Um erstere zu erreichen, müssen jedoch zuvor deren Ursachen identifiziert und anschließend Maßnahmen zur Überbrückung ergriffen werden.

Die Unzufriedenheit der Mitarbeiter kann zahlreiche Gründe haben. Nach einer Studie von Homburg & Werner (1997) sind Ursachen unter anderem:

- Ein hoher Anteil an Verwaltungsarbeit

- Strenge und „unüberwindbare" Hierarchien

- Unzureichende individuelle Entwicklungs- und Karrieremöglichkeiten

- Mangelnde interne (mit Mitarbeiten) und externe (mit Dritten) Kommunikation

- Mangelndes Feedback

Diese Gründe wirken sich negativ auf das Betriebsklima des Unternehmens aus. Als Folge sinkt die Motivation der Mitarbeiter und die Unzufriedenheit und der Frust steigen.

**Instrumente zur Überbrückung von Mitarbeiterunzufriedenheit**

Die nachfolgend dargestellten Instrumente sollen zur Steigerung der Mitarbeiterzufriedenheit durch Maßnahmen zur Verbesserung von Entwicklungs- und Karrieremöglichkeiten sowie Feedback eingesetzt werden.

*Schulungen und Fortbildungen*

Wie bereits erwähnt, sind häufige Ursachen für Frustrationen bei Mitarbeitern fehlende Entwicklungsmöglichkeiten bzw. Unterforderung. Diese ist laut Spiegel (2000) *„Gift für gute Mitarbeiter"*. Menschen mit hohem Potenzial, die sich dessen bewusst sind, werden schnell unmotiviert und frustriert, wenn sie nicht ausreichend vom Unternehmen gefordert und gefördert werden. Der Arbeitgeber muss zahlreiche unterschiedliche Trainings- und Karriereprogramme bereitstellen und dadurch seinen Mitarbeitern individuelle Entwicklungsmöglichkeiten bieten.

Herkömmliche Instrumente hierfür sind Schulungen und Fortbildungen, die persönlich intern von Mitarbeitern der Personalabteilung oder extern von Trainingsorganisationen angeboten werden. Alle Interessenten für eine Schulung werden in einer Gruppe zusammengefasst und folgen einem mehrstündigen/-tägigen Trainingsprogramm mit einem Trainer und bereitgestellten Unterlagen. Die Schulungen finden oft in unternehmensintern zur Verfügung gestellten Räumen statt.

*Mitarbeiterentwicklungsgespräch*

Ein weiterer Grund für die Mitarbeiterunzufriedenheit stellt das mangelnde Feedback dar. Um Mitarbeitern die Chance auf Feedback und Anregungen zu geben, wurde das Mitarbeiter-Entwicklungsgespräch eingeführt. Dies stellt ein klassisches Instrument der Personalentwicklung bzw. des Managements dar. Ein- oder mehrmals im Jahr hat jeder Mitarbeiter die Gelegenheit, Feedback von seinem Vorgesetzten über vereinbarte Ziele, Aufgaben und Perspektiven zu erhalten. Es handelt sich um ein persönliches Gespräch und dient u. a. dazu, Frust- und Motivationsfaktoren der Mitarbeiter zu identifizieren.

*Umfragen zur Mitarbeiterzufriedenheit*

Ein weiteres herkömmliches Instrument, um Feedback über die Zufriedenheit der Mitarbeiter zu erhalten, sind klassische Umfragen. Diese werden als Fragebögen in Papierform an alle Mitarbeiter verteilt und fragen üblicherweise allgemeinere Daten zum Betriebsklima und Attraktivität eines Unternehmens ab. Sie geben also hauptsächlich Feedback über die Zufriedenheit mit dem Unternehmen. Solche Umfragen werden häufig aufwendig ausgewertet und die Ergebnisse bspw. in Unternehmensrankings präsentiert (Bsp. Top 100 Arbeitgeber).

Nachdem die Mitarbeiter die Spezifikation umsetzen können, gilt es nun, die Kommunikation des Unternehmens so zu gestalten, dass diese nicht inkonsistent mit der Dienstleistung ist. So wird GAP 4 geschlossen.

# 8 GAP 4 – das Kommunikationsproblem

Nachdem das Leistungsproblem geschlossen wurde, stellt sich die Frage der Kommunikation als GAP 4. Nach den detaillierten Beschreibungen von GAP 4 und den Ansätzen zur Überbrückung dieser Lücke, werden die Rolle des Preises und die Preisermittlung als Beispielproblem der Kommunikation erläutert. Anschließend werden Instrumente zum Schließen von GAP 4 angeführt.

## 8.1 Beschreibung von GAP 4

Das Kommunikationsproblem drückt Lücke 4 des „GAP-Modells" aus. Es beinhaltet die Diskrepanz zwischen der nach außen kommunizierten Dienstleistung und der gelieferten Dienstleistung. Gemäß Scheuer (2005, 410) verdeutlicht diese Lücke *„die Unstimmigkeit zwischen der tatsächlich erstellten Leistung und der vorher in der Kommunikation mit dem Kunden vermittelten Leistung".*

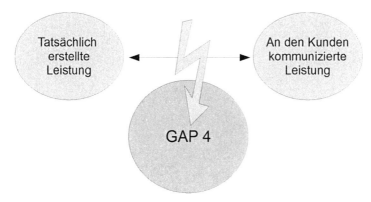

Abbildung 32:     Entstehung von GAP 4 (Quelle: Eigene Darstellung)

Da die gegebenen Informationen über die Dienstleistung nicht mit der tatsächlich gelieferten Dienstleistung übereinstimmen, kann es zu Enttäuschungen und damit zur Unzufriedenheit der Kunden kommen. Die Ursache liegt darin, dass keine konsistente und integrierte Marketingkommunikation vorhanden ist (Weislämle 2005). In Verkaufsgesprächen werden viele Versprechen ausgedrückt, die im Nachhinein nicht umgesetzt werden. Dienstleistungsunternehmen, die ihre Versprechen nicht halten, müssen ständig neue Kunden finden, da sie nicht auf Stammkunden setzen können. Oft wird potentiellen Neukunden *„vieles versprochen, was später nicht der Wahrheit entspricht"* (Scheuer 2005, 149). Ziel ist es also, keine übertriebenen Erwartungen zu wecken, sei es durch das Verkaufspersonal oder die Werbung.

## 8.2 Überbrückung von GAP 4

Um das vorher genannte Ziel zu erreichen, müssen externe und interne Kommunikationskanäle gleich ausgerichtet werden. Die Marketingkommunikation und die Preisgestaltung eines Dienstleistungsunternehmens sollten Kundenerwartungen nicht dermaßen steigern, dass diese unmöglich zu erfüllen sind.

> „Die Herausforderung ist, Kunden über alle Kanäle anzusprechen, d.h. dass wir Kommunikationsmaßnahmen entwickeln, die auf jeweilige Kundengruppen im entsprechenden Vertriebskanal abgestimmt sind." (Scheuer 2005, 149)

Mit der bekannten Darstellung des Marketingdreiecks bedeutet dies, dass die Kommunikation an allen drei Schenkeln stets konsistent sein muss.

Für das interne Marketing gilt, dass das Management den Mitarbeitern unterstützende Mittel zur Verfügung stellen muss, um die Kommunikation zwischen Mitarbeitern und Kunden korrekt herstellen zu können. Das Einhalten der Zusagen, ausgehend vom Management, muss an dieser Stelle ermöglicht werden. Es handelt sich hier um eine vertikale (abteilungsintern) bzw. horizontale Kommunikation (zwischen den Abteilungen des Unternehmens). In größeren Unternehmen mit getrennten Abteilungen treten oft fehlende bzw. nicht funktionierende Schnittstellen auf, die versprochene und erbrachte Leistung auseinander klaffen lassen (Scheuer 2005).

Das externe Marketing bezeichnet die Verbindung zwischen dem Unternehmen bzw. dem Management und den Kunden und konkretisiert sich in der Verkaufsförderung, in der Öffentlichkeitsarbeit, in geschalteten Anzeigen und vor allem im Direktmarketing.

Die Verbindung zwischen den Mitarbeiten und den Kunden – das interaktive Marketing – spielt ebenso eine wichtige Rolle. Hier findet die Umsetzung der vom Management definierten Dienstleistungen statt. Die Umsetzung geschieht z.B. durch persönliche Verkäufe, Kundendienstzentren und jegliche Begegnungen der Kunden mit Mitarbeitern.

Der Schwerpunkt von GAP 4 liegt auf dem Schenkel des externen Marketings, da das Management die nach außen kommunizierte Dienstleistung definiert, die später von den Mitarbeiten korrekt umgesetzt werden muss und somit als Ausgangspunkt des Kommunikationsproblems zu werten ist. Zudem ist das interne Marketing zentraler Inhalt zur Schließung von GAP 3 und auch GAP 2.

Ziel einer integrierten Marketingkommunikation ist es, die gelieferte Dienstleistung besser oder zumindest gleich der versprochenen Dienstleistung zu gestalten. Es können vier Ansätze einer integrierten Marketingkommunikation genannt werden, wie die folgende Grafik zeigt.

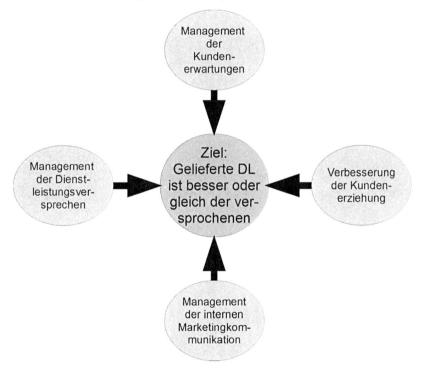

Abbildung 33:  Ansätze für eine integrierte Marketingkommunikation (Quelle: Niess et al. 2006c)

Die folgenden Grafiken geben darüber Auskunft, wie das Management dieser vier Ansätze gestaltet werden kann.

Abbildung 34:   Gestaltungsansätze zum Management der Kundenerwartungen (Quelle: Zeithaml et al. 2006, 490f)

Abbildung 35:   Gestaltungsansätze zur Verbesserung der Kundenerziehung (Quelle: ebenda)

| Bildung funktionsübergreifender Teams | Ausrichtung des Verwaltungspersonals auf externe Kunden | Entwicklung einer effektiven horizontalen Kommunikation | Entwicklung einer effektiven vertikalen Kommunikation |
|---|---|---|---|

Abbildung 36:  Gestaltungsansätze zum Management der internen Marketingkommunikation (Quelle: ebenda)

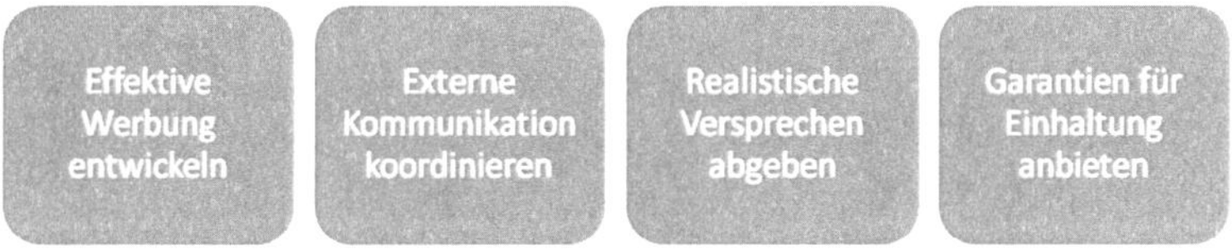

| Effektive Werbung entwickeln | Externe Kommunikation koordinieren | Realistische Versprechen abgeben | Garantien für Einhaltung anbieten |
|---|---|---|---|

Abbildung 37:  Gestaltungsansätze zum Management der Dienstleistungsversprechen (Quelle: ebenda)

Die Gestaltungsansätze sind je nach Dienstleistung sehr unterschiedlich. Sicherlich ist die Entwicklung einer effektiven vertikalen Kommunikation in einem Großklinikum von ganz anderer Bedeutung als für eine Therapeuten- oder Arztpraxis mit knapp 10 Personen. Anstatt die einzelnen Gestaltungsansätze Schritt für Schritt zu durchleuchten, wenden wir uns exemplarisch dem häufigsten aller Kommunikationsprobleme zu, dem Preis. Da jeder Kunde eine individuelle Preisvorstellung hat, ist es für das Management besonders schwer, „den richtigen" Preis zu treffen. Die Rolle des Preises und Ansätze zur Preisermittlung werden in den folgenden Kapiteln erläutert.

## 8.3 Rolle des Preises und Preisermittlung als Beispielproblemfeld von GAP 4

Preise spielen eine bedeutende Rolle hinsichtlich der Marketingkommunikation eines Unternehmens – sofern sie nicht gesetzlich vorgeschrieben sind. Sie werden von den Kunden als Anhaltspunkt für das Produkt oder die Dienstleistung verwendet, sodass die Preisgestaltung das Vertrauen der Kunden in ein Produkt verstärken, aber auch verringern kann. Demzufolge können Kundenerwartungen durch Preise beeinflusst werden.

Allgemein ist festzuhalten, dass *„der Preis ein fassbarer Anhaltspunkt für Serviceniveau und Servicequalität ist"* (Berry & Parasuraman 1992, 123).

Neben dem Preis als Qualitätsindikator gibt es noch zwei weitere Einflussgrößen: die nicht monetären Kosten, wie der Zeit- und Suchaufwand, die Bequemlichkeit und psychologischen Kosten; zudem das allgemeine Wissen der Kunden über Preise für diese Dienstleistung.

Grundsätzlich ist es schwer, die Preise von Dienstleistungen einzuschätzen, denn Unterschiede in den Leistungen begrenzen das Wissen über Preise. Hinzuzufügen ist, dass Dienstleister oft keine Preisangaben im Voraus machen. Dies würde das Kommunikationsproblem umgehen, jedoch ist der Kunde dadurch nicht vorab über die zu erhaltende Dienstleistung informiert und somit evtl. desinteressiert. Des Weiteren führen individuelle Kundenanforderungen zu unterschiedlichen Preisen, sodass das Dienstleistungsmanagement erst recht angehalten ist, konkrete, wahrheitsgetreue Preise zu kommunizieren.

Wie auch bei physischen Gütern gibt es vier Ansätze zur Preisermittlung:

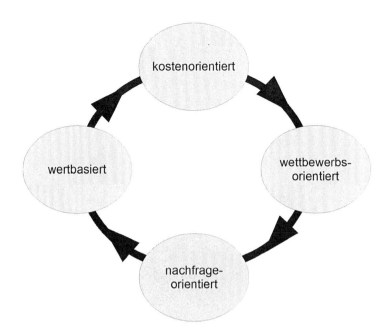

Abbildung 38:   Ansätze für die Preisfindung bei Dienstleistungen (Quelle: In Anlehnung an
                Zeithaml et al. 2006, 521)

Bei einer **kostenbasierten Preisermittlung** sind Einheiten festzulegen, auf deren Basis Kosten zu berechnen sind, wie z.B. ein Stundensatz. Es dominieren an dieser Stelle die Personalkosten. Die kostenbasierte Preisermittlung ist als Preisuntergrenze sinnvoll.

Der zweite Ansatz wird oft als Ansatz für standardisierte Dienstleistungen verwendet. Der Anbieter orientiert sich am **Preis der Wettbewerber**, hier jedoch birgt oftmals die Heterogenität der Dienstleistung das Problem der Vergleichbarkeit. Ähnlich wie die kostenbasierte Preisermittlung ist es bei diesem Ansatz wichtig, die Preise der Wettbewerber zu kennen, doch sollten diese eher Ausgangs- als Endpunkt der eigenen Preisermittlung sein.

Beim dritten Ansatz, der **nachfrageorientierten Preisermittlung**, wird der Kunde berücksichtigt. Hierbei muss der Wert herausgefunden werden, den der Kunde den nichtmonetären Kosten zumisst. Um diesen Wert der nichtmonetären Kosten wird der monetäre Preis angepasst.

Der vierte Ansatz kann als bester Ansatz zur Preisermittlung bezeichnet werden, da er sich aus Elementen der anderen Ansätze zur Preisermittlung zusammensetzt. Der **empfundene Wert** ist hier die Grundlage der Preisermittlung. Der Dienstleister muss in Erfahrung bringen, was dem Kunden an der Dienstleistung als wertvoll erscheint und wie viel er bereit ist, dafür zu bezahlen. Bei der Ermittlung dieser Daten helfen sogenannte Conjoint-Analysen, die die Zahlungsbereitschaft der Einzelparameter beim Kunden ermitteln.

Hinsichtlich des Kommunikationsproblems ist festzustellen, dass das Management den sinnvollsten Ansatz – oder die beste Kombination an Ansätzen – zur Preisermittlung für die zu erbringende Dienstleistung finden muss, um ihn anschließend wahrheitsgetreu zu kommunizieren. Preise geben sowohl Auskunft über die Dienstleistung als auch über die physische Umgebung und die Kommunikationsmittel des Unternehmens. Der richtige Preis schlage sich nicht nur in den Einnahmen nieder, sondern er müsse auch die richtige Servicebotschaft vermitteln, betonen Berry & Parasumaran (1992, 125).

## 8.4 Instrumente zur Überbrückung von GAP 4

### Beschreibung der Instrumente

Unternehmen und besonders Dienstleistungsunternehmen haben Kommunikationsmittel stets genutzt, um ihren Bekanntheitsgrad zu erhöhen und ihre Angebote zu fördern. Heutzutage lässt es sich mit den neuen Telekommunikationsmitteln viel einfacher kommunizieren. Unternehmen nutzten jedoch früher andere, weniger effiziente Mittel.

Auch im Web 1.0 war es möglich zu kommunizieren. Da es nur statisch Texte in Form von HTML-Seiten zum Vorschein brachte, wurde diese Möglichkeit selten genutzt (Schmid 2009). Es gibt jedoch auch andere Instrumente, die sich in drei verschiedene Kategorien einordnen lassen: Massenmedien, Gruppenmedien und Informations- und Kommunikationstechnologien (Bessette 2002).

**Massenmedien** fassen Radio, Fernsehen und Schriftpresse bzw. Zeitungen zusammen und sind die ältesten Kommunikationsmittel, die die ganze Bevölkerung ansprechen. Sie erfordern jedoch einen hohen Kenntnisstand des Medienspektrums und werden gezielt von Dienstleistungsunternehmen als Kommunikationsmedien verwendet.

**Gruppenmedien** bedeuten eine Vielzahl an unterschiedlichen Typen von Instrumenten wie Werbeplakate, Magazine, Briefe und vorgedruckte Briefköpfe von Unternehmen, aber auch Visitenkarten, Werbebroschüren, Firmenevents und geschriebene Pressekampagnen.

Die jüngsten Instrumente – außer den Web-2.0-Instrumenten – zur Lösung von Kommunikationsproblemen sind **Informations- und Kommunikationsmittel**. Zu dieser Sparte gehören E-Mails, Telefonmarketing oder das Versenden von SMS. Das Versenden von Mailings ermöglicht eine direkte und kostengünstige Ansprache der Kunden.

**Einsatz der Instrumente**

Dienstleister setzen je nach Strategie und Zielgruppe unterschiedliche Instrumente ein. Unabhängig vom verwendeten Medium muss in regelmäßigen Abständen kommuniziert werden, um für die Kunden fortlaufend präsent zu sein und damit wahrgenommen zu werden. Durch eine immer wiederkehrende Botschaft erhöht sich die Wahrscheinlichkeit, dass potenzielle Kunden die Marke der Dienstleistung in den Köpfen behalten und sich bei einer Kaufentscheidung daran erinnern (Scheuer 2005).

Die Kommunikation kann als erster Kontakt des Kunden mit dem Dienstleistungsangebot gesehen werden. Kann der Dienstleister hier nicht überzeugen, wird der Kunde auch keine weiteren Schritte einleiten, um mit dem Unternehmen in Kontakt zu treten. Hieraus ergibt sich die Notwendigkeit, effektiv aber auch wahrheitsgetreu zu kommunizieren.

Da Dienstleistungen im Gegensatz zu Produkten grafisch nicht darstellbar sind, stellt die deutliche Überbringung der Botschaft hier eine besondere Herausforderung dar. Unternehmen bedienen sich unterschiedlicher Methoden, um ihre Versprechen greifbar zu machen. Manche Dienstleister versuchen nur über den Preis die Aufmerksamkeit der Kunden zu erlangen. Hier besteht allerdings die Gefahr, dass der Kunde falsche Schlüsse zieht, da der Preis allein noch keine direkte Aussage über die Komponenten und Besonderheiten der Dienstleistung gibt. Um Werbeversprechen vertrauensvoll zu gestalten, bilden Dienstleister oftmals Personen, z. B. einen Mitarbeiter (dieser kann real oder fiktiv sein), in Anzeigen ab. Da Dienstleistungen sehr personalintensiv sind, haben die Mitarbeiter einen wesentlichen Einfluss auf ihre Qualität. Mit der Darstellung von sympathischen Personen soll somit wirkungsvoll Vertrauen zu den Erstellern der Dienstleistung aufgebaut werden (Scheuer 2005).

Auch Kundenaussagen über die Qualität der Dienstleistung werden häufig in Werbematerialien wie Broschüren wiedergegeben, mit der Intention, die Glaubhaftigkeit der Versprechen zu steigern.

Auf Webseiten dient vor allem die Darlegung von Referenzen der effektiven Kommunikation über die Qualität einer Dienstleistung. Hier können die Kunden sehen, was das Unternehmen tatsächlich geleistet hat, und abschätzen, inwiefern die verbreiteten Werbesprüche der Realität entsprechen.

Als zusätzliches Instrument zur Überbrückung von GAP 5 ist **klassische Werbung** zu erwähnen.

> „Werbung ist ein wirtschaftssozialer Prozess, bei welchem mit unpersönlichen Mitteln Meinungen und Entscheidungen beeinflusst werden, unter Wahrung des Gefühls freier Entschließung." (Völlm 2001, 4)

Sie ist neben der Marktforschung, der Produkt- und Preispolitik, Verkaufsförderung und der Distribution eines der wichtigsten Marketinginstrumente. Werbeziele sind unter anderem dazu da, um den Bekanntheitsgrad einer Leistung zu steigern und zu festigen oder ein gewisses Image aufzubauen oder zu verändern. Die Kundenwahrnehmung wird maßgeblich durch Inserate, Prospekte, TV- oder Radio-Spots, Plakate und Leuchtreklamen geprägt.

> „Ein Dienstleistungsanbieter nutzt im Rahmen von Werbung kommerzielle und nicht personalisierte Mittel, welche den Konsumenten zum Kaufentschluss bewegen können." (Völlm 2001, 4)

Brand-Building bezeichnet die Konzeption, den Aufbau und die Verbesserung der Identität einer Marke, die der dauerhaften Unterscheidung von Wettbewerbern dient. Die Tonalität, der Slogan, das Logo sowie die Unternehmensfarben und die Typografie legen die Markenidentität und das Markenimage fest (Kommunikationsglossar 2009). Im Verlauf des Brand-Building-Prozesses werden somit psychologische, gestalterische und funktionale Werte der Dienstleistung bzw. der Marke beim Verbraucher verankert (OnPulson 2009b).

## Problemfelder bei der Anwendung der Instrumente

Beim Schließen des Kommunikationsproblems mittels Massen- und Gruppenmedien besteht die Gefahr, dass Dienstleistungsunternehmen ihre tatsächlichen Leistungen verfälschen können.

Die Basis der Dienstleistungsqualität – Zuverlässigkeit – spielt an dieser Stelle die entscheidende Rolle. Durch nicht wahrheitsgetreue Kommunikation entspricht die vermittelte Dienstleistung nicht der erbrachten, sodass die Zuverlässigkeit des Dienstleisters nicht gewährleistet ist. Die Zuspitzung dieser Problematik wäre ein Dienstleistungsunternehmen, das gar nicht kommuniziert und somit auch keine Erwartungen der Kunden wecken kann, da die Leistungen nicht bekannt sind. Hier muss der Dienstleister sich durch reale effektive Kommunikation differenzieren, um die Basis der Dienstleistungsqualität zu wahren.

Ein weiterer Verbesserungsbereich für die Lösung des Kommunikationsproblems ist das „Greifbare". Im Allgemeinen gilt es für Dienstleister, ihren Service und ihre Botschaft greifbarer zu machen, indem z.B. *„die mit dem Service verbundenen materiellen Aspekte in der Kommunikation so herausgestellt werden, als wären sie Dienstleistungen"* (Berry & Parasuraman 1992). Gruppen- und Massenmedien sind oft unzureichend, um den Service greifbar zu machen. Die Interaktivität muss erhöht werden.

Die letzten beiden Verbesserungsbereiche hinsichtlich der Dienstleistungsqualität sind „Entgegenkommen" und „Einfühlung". Durch Kommunikationsmittel, wie Zeitungen, Plakate, Radio oder Fernsehen, spricht die Dienstleistung die Zielgruppe nur allgemein, aber nicht persönlich an. Die Einfühlung muss also durch persönlich zugeschnittene Kommunikation verbessert werden, um die Dienstleistungsqualität zu erhöhen. Die Kunden sollen somit die vermarktete Leistung persönlich wahrnehmen können. Eine populäre Form der persönlichen Ansprache ist das sogenannte Viral-Marketing, das auch als digitale Mund-zu-Mund-Propaganda bezeichnet wird.

Mit Blick auf die Kundenzufriedenheit gibt es eine Komponente, die bei Nutzung der herkömmlichen Kommunikationsmittel zu verbessern ist. Da der Preis Auskunft über die Dienstleistung gibt, müssen genaue Informationen zur Preisfindung gegeben werden. Nur so erhält der Kunde die kommunizierte Leistung auch tatsächlich. Wie bereits eingangs erläutert, haben Kunden individuelle

Preisvorstellungen, sodass eine genaue Definition der Leistung ratsam ist, um evtl. Preisunterschiede nachvollziehbar zu machen.

# 9 Zusammenfassung und Ausblick

Die zunehmende Bedeutung der Gesundheitswirtschaft und Erhöhung der Wettbewerbsintensität machen eine Professionalisierung gerade im Dienstleistungsmanagement unabdingbar. Die Natur von Dienstleistungen stellt dabei besonders hohe Ansprüche an Manager. Beispiel ist die Simultanität von Produktion und Konsum, was eine nachträgliche Qualitätskorrektur oft unmöglich macht.

Um diesen hohen Ansprüchen und der Professionalisierung zu begegnen, bietet das vorgestellte GAP-Modell ein solides Referenzmodell:

**Beim Kundenproblem GAP 5** besteht die Herausforderung darin, Kundenerwartung und Kundenwahrnehmung in Übereinstimmung zu bringen. Das Management sollte hier dem Kunden die Leistung bewusst machen. Dabei sind objektive Zufriedenheitsindikatoren – wie z.B. Umsatz und Marktanteile, Eroberungs- und Loyalitätsraten – und subjektive Qualitätsvermutungen – wie bspw. Expertenbeobachtungen und Mystery Shopping – gezielt zu kombinieren. Die so gewonnenen Erkenntnisse bilden die Grundlage, um dem Kunden die Leistung des Unternehmens bewusst zu machen und damit Kundenerwartung und Kundenwahrnehmung besser in Übereinstimmung zu bringen.

**Beim Unternehmensproblem GAP 1** hat das Management ein falsches, zu ungenaues Bild von den Erwartungen der Kunden. Um dieses Problem zu beheben, sollte das Unternehmen insbesondere systematische Marktforschung und Kundenzufriedenheitsstudien durchführen. Diese sollten Teil eines umfassenden Qualitätsinformationssystems sein, dessen Ziel es ist, die Erwartungen der Kunden exakt zu kennen und zu verfolgen.

**Beim Lieferproblem GAP 2** verfehlt das Management bei der Spezifikation der Dienstleistungsqualität die Kundenerwartungen und den Markt. Hier sollten bei der Entwicklung der Dienstleistung Kunden einbezogen werden. Die Dienstleistungsblaupause dient dabei als geeignetes Instrument zur Visualisierung des kundenorientierten Dienstleistungsprozesses.

**Beim Leistungsproblem GAP 3** sind die Mitarbeiter nicht in der Lage, die vom Management gewünschte Dienstleistungsqualität in praktikable, erlebbare Dienstleistungen umzusetzen. Da bei den Überlegungen zur Überbrückung dieser Lücke der Mitarbeiter im Zentrum steht, sind das Personalmanagement und die Personalentwicklung gefordert. Das Instrument Mitarbeiterbezogene Maßnahmen bietet einen systematischen Ansatz zur Vermeidung der drei Hauptursachen von GAP 3.

**Beim Kommunikationsproblem GAP 4** verfehlt die Werbung die Realität und weckt unpassende Kundenerwartungen. Das Management sollte keine übertriebenen Versprechungen kommunizieren und sich stattdessen in der Kommunikation auf den Kundennutzen fokussieren. Dafür bietet sich etwa das vorgestellte Schema der Ansätze für eine integrierte Marketingkommunikation an.

Mit den in der Einleitung skizzierten härteren Bedingungen – Emanzipation des Kunden und Budgetknappheit – ist eine **zunehmende Relevanz** des Themas Dienstleistungsmanagement in der Gesundheitsbranche zu erwarten. Einzelne Beispiele hierfür sind das Fach Dienstleistungsmanagement in MBA-Studiengängen für Ärzte oder in Bachelor- sowie Masterstudiengängen für Physiotherapeuten.

Wie bereits erwähnt, bietet das GAP-Modell dem (angehenden) Gesundheitsmanager für das Dienstleistungsmanagement einen Referenzrahmen. Zur konkreten Übung der Anwendung des GAP-Modells dient der folgende Teil. Dieser umfasst Fallstudien aus verschiedenen Bereichen der Gesundheitsbranche.

# 10 Übungsteil mit Fallstudien

Der Übungsteil dient zur praktischen Anwendung des GAP-Modells bei konkreten Fällen der Gesundheitsbranche. Dabei thematisiert jede Fallstudie insbesondere eine, maximal zwei GAPs. Die Aufgaben zu den Fällen befassen sich überwiegend mit den behandelten Schemata. Vereinzelt beziehen sie auch grundlegende betriebswirtschaftliche Konzepte wie die Wertschöpfungskette oder den schlanken Ansatz ein. Die Lösungsskizzen zu den Übungsaufgaben der Fallstudien finden sich im nächsten Kapitel.

## 10.1 Physiotherapie – Physiotherapiepraxis Physiofittt[6]

Nach neun Jahren im Geschäft begann Frau Eisenhardt, Praxisinhaberin und Leitung von Physiofittt, sich zu fragen, was eigentlich genau die Patientenzufriedenheit in ihrer Praxis ausmacht. In Zeiten, in denen sich Ärzte immer weniger Zeit für die Behandlung ihrer Patienten – im Durchschnitt nur noch etwa 8 Minuten, wie es neulich in der ARD hieß – nehmen, zudem immer mehr Praxen auf den Markt drängen, wollte sie der Sache auf den Grund gehen. Auch die zunehmende Marktmacht einiger Praxen durch Zusammenschlüsse und die vielen neuen, andersartigen Gesundheitsanbieter – wie Wellnesstempel – machen Frau Eisenhardt klar, dass sie den Erfolg ihrer Praxis weniger dem Zufall überlassen sollte. Dabei läuft die traditionelle Physiotherapiepraxis „Physiofittt" mit einem Standort in der Innenstadt an sich gut.

„Natürlich habe ich eine Ahnung davon, was Patienten an unserer Praxis schätzen – einige sagen dies ja auch ganz offen", sagt Frau Eisenhardt zu ihrem Angestellten, Herrn Schuster. „Doch ob wir wirklich den Gesamtüberblick haben und die genauen Erfolgsfaktoren kennen, da bin ich mir nicht so sicher." Herr Schuster, seit 7 Jahren engagierter Physiotherapeut bei Physiofittt, schätzt seine Chefin sehr und hat sie als sehr gute Praxisführungskraft kennengelernt. Doch auch er muss eingestehen, dass die Entscheidungen von Frau Eisenhardt oft eher einem Bauchgefühl als wirklich dezidiertem Wissen folgten. „Da muss ich

---

[6] Die Grundlage für die Ausführungen zur Fallstudie bildet eine reale wissenschaftliche Untersuchung von drei medizinisch-therapeutischen Praxen in einer deutschen Großstadt. Die Ergebnisse sind auf den Bereich „Physiotherapie" übertragen.

Ihnen zustimmen. Ich bin mit Ihrer Leitung sehr zufrieden und fühle mich ja auch als Therapeut bei Physiofittt sehr wohl, doch ist mir in den letzten Jahren aufgefallen, dass unsere Patienten und auch Wettbewerber immer heterogener werden. Wir wissen aber nicht wirklich, ob die Patientenzufriedenheit eine Zufriedenheit Einzelner ist, oder ob sie die meisten betrifft, was unseren unterschiedlichen Patienten wie wichtig ist oder welche Wünsche diese genau haben." „Herr Schuster, ich meine, wir sollten die Erfolgsfaktoren unserer Patientenzufriedenheit genauer kennen, um diese gezielt akzentuieren zu können – oder was meinen Sie?" „Exakt. Am besten sollte dies jemand von außen machen, der ein möglichst objektives Bild der Erfolgsfaktoren herausarbeiten kann." „Herr Schuster, wissen Sie was, meine Nichte Lisa studiert Wirtschaft bei uns an der Hochschule, die werde ich mal fragen, ob Sie sich dieser Sache nicht annehmen möchte."

Lisa wird von ihrer Tante kurzerhand engagiert. So kann sie sich einige Euros zur Finanzierung ihres Studiums verdienen. Sie kennt das GAP-Modell und weiß deshalb, dass die Patientenzufriedenheit von vielen Faktoren abhängt. Letztlich geht es darum, GAP 5 – also die Diskrepanz zwischen der Patientenerwartung und der tatsächlich erhaltenen Dienstleistung – gar nicht erst aufkommen zu lassen. Nachdem sie eine Dienstleistungsblaupause des Praxisablaufs erstellt hat, hat Lisa einen guten Überblick darüber, welche Momente der Wahrheit die Patienten in ihrer Zufriedenheit besonders beeinflussen können. Sicher spielt dabei die Behandlung eine zentrale Rolle. Doch auch der Gesamtprozess ist wichtig. „Weißt Du, Lisa, mein Eindruck ist, dass folgende Faktoren für die Patientenerwartung wichtig sind: eine aufmerksame und freundliche Therapeutin, eine gute Behandlungsqualität, die Dauer der Behandlung, ein angemessener Preis für die ‚Nicht-Rezept-Patienten', eine nette Atmosphäre, Flexibilität bei der Behandlung und Terminvergabe, eine gute Beratung, eine rasche Terminvergabe, kurze Wartezeiten, aber auch Dinge wie einfache Erreichbarkeit und die Ausstattung der Praxis sind nicht ganz unwichtig." „Tante Carla, das ist schon eine ganze Menge. Ich werde diese Faktoren berücksichtigen und zusätzlich zu den sogenannten 5 Dimensionen der Dienstleistungsqualität und den wichtigsten Momenten der Wahrheit in meine Untersuchung einbeziehen. Am besten ist es, wenn ich eine Umfrage in eurer Praxis durchführe. Damit kann ich sicherstellen, dass ich etliche Patienten erreiche und sich nicht nur die zufriedenen Patienten an der Umfrage beteiligen. Ich denke, 69 Antworten müssten bei eurer Anzahl von Patienten repräsentativ sein. Ich werde nächste Woche einfach täglich in der Praxis sein und die Befragung durchführen. Natürlich werde ich den Patienten sagen, dass ich die Ergebnisse vertraulich behandle, und ich werde auf den Hintergrund der Befragung kurz eingehen." „Klasse, Lisa. So machen wir es."

**Aufgaben**

1. Ordnen Sie die Dienstleistung „Physiotherapeutische Behandlung" in untenstehendes Schema ein

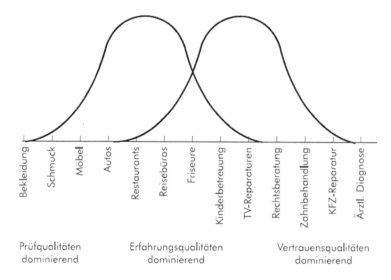

Abbildung 39: Kundenverhalten beim Kauf von Sachgütern und Dienstleistungen (Quelle: Zeithaml et al. 2000, 52)

2. Welches sind Ihrer Erfahrung nach die Top-2-Kundenerwartungen (Sie können sich auch an der Aussage von Frau Eisenhardt orientieren)? Nennen Sie je etwa 3 Ansatzpunkte, durch die Sie die Bestimmungsgrößen der Toleranzzone positiv beeinflussen könnten.

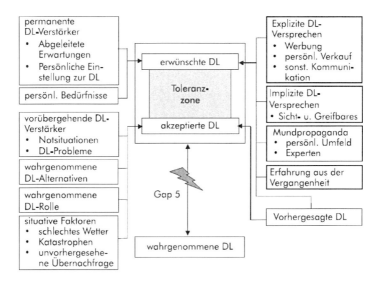

Abbildung 40: Bestimmungsgrößen der Kundenerwartungen (Quelle: Zeithaml et al. 2006, 93)

3. Nehmen Sie zum von Lisa erstellten Fragebogen kritisch Stellung. Was wurde beachtet? Wie könnte dieser noch verbessert werden?

# Fragebogen zur Erfassung der
# Patientenzufriedenheit von Praxis Physiofittt

## Allgemeine Angaben zur Person

Zutreffende Antworten bitte ankreuzen!

1. Wie alt sind Sie?   ☐ <18   ☐ 18-30   ☐ 30-40   ☐ 40-50   ☐ 50-60   ☐ >60

2. Welches Geschlecht haben Sie?   ☐ Weiblich   ☐ Männlich

## Fragen zur Patientenzufriedenheit

Wie zufrieden sind Sie mit den folgenden Punkten bei Physiofittt und welche Bedeutung messen Sie ihnen bei?

(Zutreffendes bitte bei **a)** auf den **Smileys ankreuzen** und bei **b)** innerhalb einer **Skala von 1-5** bewerten (1=**sehr wichtig**; 5= **nahezu unwichtig**))

|  | ☺ | 😁 | 😐 | ☹ | ☹ |
|---|---|---|---|---|---|
|  | sehr zufrieden | zufrieden | geht so | nicht so zufrieden | sehr unzufrieden |

1. **a)** Qualität der Behandlung   ☺   😁   😐   ☹   ☹
   **b)** Wie wichtig ist Ihnen dieser Punkt auf einer Skala von 1-5? _____

2. **a)** Preis der Behandlung   ☺   😁   😐   ☹   ☹
   **b)** Wie wichtig ist Ihnen dieser Punkt auf einer Skala von 1-5? _____

3. **a)** Freundlichkeit des Therapeuten   ☺   😁   😐   ☹   ☹
   **b)** Wie wichtig ist Ihnen dieser Punkt auf einer Skala von 1-5? _____

4. **a)** Zuverlässigkeit „Arbeitet akkurat und verlässlich" des Therapeuten
   ☺   😁   😐   ☹   ☹
   **b)** Wie wichtig ist Ihnen dieser Punkt auf einer Skala von 1-5? _____

5. **a)** Entgegenkommen „Hilft prompt – ohne Aufforderung" des Therapeuten
   ☺   😁   😐   ☹   ☹
   **b)** Wie wichtig ist Ihnen dieser Punkt auf einer Skala von 1-5? _____

**6. a)** Souveränität „Weiß was er tut und tritt auch so auf" des Therapeuten

       ☺       😁       😐       ☹       ☹

  **b)** Wie wichtig ist Ihnen dieser Punkt auf einer Skala von 1-5? _____

**7. a)** Einfühlungsvermögen „Nimmt Anteil und hilft mit meinem persönlichen Anliegen" des

Therapeuten      ☺      😁      😐      ☹      ☹

  **b)** Wie wichtig ist Ihnen dieser Punkt auf einer Skala von 1-5? _____

**8. a)** Individualität des Behandlungs**ablaufes** (wird individuell auf Sie eingegangen?)

       ☺       😁       😐       ☹       ☹

  **b)** Wie wichtig ist Ihnen dieser Punkt auf einer Skala von 1-5? _____

**9. a)** Komplexität des Behandlungsablaufes (ist er leicht verständlich?)

       ☺       😁       😐       ☹       ☹

  **b)** Wie wichtig ist Ihnen dieser Punkt auf einer Skala von 1-5? _____

**10. a)** Einbeziehung des Patienten in den Behandlungsablauf

       ☺       😁       😐       ☹       ☹

  **b)** Wie wichtig ist Ihnen dieser Punkt auf einer Skala von 1-5? _____

**11. a)** Behandlungsgespräch  ☺      😁      😐      ☹      ☹

  **b)** Wie wichtig ist Ihnen dieser Punkt auf einer Skala von 1-5? _____

**12. a)** Behandlungsangebot  ☺      😁      😐      ☹      ☹

  **b)** Wie wichtig ist Ihnen dieser Punkt auf einer Skala von 1-5? _____

**13. a)** Wartezeiten      ☺      😁      😐      ☹      ☹

  **b)** Wie wichtig ist Ihnen dieser Punkt auf einer Skala von 1-5? _____

**14. a)** Terminvergabe      ☺      😁      😐      ☹      ☹

  **b)** Wie wichtig ist Ihnen dieser Punkt auf einer Skala von 1-5? _____

**15. a)** Gestaltung der Behandlungsräume (Optik, Ausstattung etc.)

       ☺       😁       😐       ☹       ☹

  **b)** Wie wichtig ist Ihnen dieser Punkt auf einer Skala von 1-5? _____

**16. a)** Standort der Praxis ☺ 😆 😐 ☹ 😖

**b)** Wie wichtig ist Ihnen dieser Punkt auf einer Skala von 1-5? _____

**17.** Würden Sie Ihren Therapeuten weiterempfehlen ☐ Ja ☐ Vielleicht ☐ Nein

**18.** Wenn Sie noch einmal eine ähnliche Behandlung benötigen- würden Sie wieder zu

Physiofittt gehen? ☐ Ja ☐ Vielleicht ☐ Nein

**19.** Wie zufrieden sind Sie insgesamt mit der Dienstleistung (1=sehr zufrieden, 5= sehr

unzufrieden)?

Haben Sie irgendwelche - positive oder negative-Kritik?

_____

_____

_____

_____

_____

Haben Sie Verbesserungsvorschläge bzw. Wünsche?

_____

_____

_____

_____

_____

# Vielen Dank für Ihre Aufmerksamkeit!
# Ihr Team von Praxis Physiofittt

4. Erstellen Sie auf Grundlage des (unvollkommenen) Fragebogens von Lisa einen Kundenzufriedenheitsindex. Verwenden Sie als theoretische Basis dafür untenstehendes Schema.

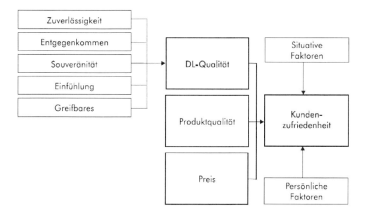

Abbildung 41:  Kundenwahrnehmung, Qualität und Kundenzufriedenheit (Quelle: Zeithaml et al. 2006, 107)

5. Welche Empfehlung würden Sie der Praxisleitung geben, um die Kundenzufriedenheit zu verbessern?

## 10.2 Medizintechnik – Laparoskopie im Wandel?[7]

### Die Laparoskopie

Schon seit jeher war es das Bestreben der Ärzte, in den Bauchraum schauen zu können, und zwar bei so kleinen Bauchschnitten (Inzisionen) wie möglich. Die ersten Berichte über Bauchschnitte stammen aus der Antike. Aus dieser Zeit finden sich erstmalig Beschreibungen endoskopischer Techniken des griechischen Arztes und Begründers der wissenschaftlichen Heilkunde Hippokrates (460 – 370 v. Chr.). Die Entwicklungen zogen sich dann bis zum Anfang des 19. Jahrhunderts hin, als die Glühbirne erfunden wurde und damit zum ersten Mal Licht in den Körper transportiert werden konnte. Im Jahr 1901 führte Georg Kelling die erste „Laparoskopie" an Hunden durch. Das Wort Laparoskopie kommt aus dem Alt-Griechischen und bedeutet lapare = die Weichen, also weiches Gewebe, skopein = betrachten. Die Technik entwickelte sich nach und nach mit immer weiteren bedeutenden Innovationen. Den Durchbruch erfuhr sie Anfang der 1990er Jahre. Sie wird seither für fast jede Operation aus dem abdominalchirurgischen Bereich eingesetzt.

Die heutige Laparoskopie wird für diagnostische und operative Eingriffe, überwiegend im Intraabdominalraum (Bauchinnenraum), verwendet. Der Patient erfährt kleine 0,2-2cm große Inzisionen, durch die ‚Trokare' – lange Hülsen mit Ventilfunktion – eingeführt werden. Durch Trokare kann nun eine ‚Kameraoptik' sowie Instrumente, die das Arbeiten im Körper ermöglichen, eingeführt werden. Die Trokare bilden den Dreh- und Haltepunkt zwischen der Bauchwand und den Instrumenten bzw. der Kameraoptik. Damit der Bauchraum betrachtet werden kann und Arbeiten im Körper möglich ist, wird Raum benötigt. Dieser Raum wird durch eine $CO_2$-Insufflation geschaffen, d.h. der Bauch wird aufgeblasen. Die Anzahl der Trokare variiert entsprechend der Applikationen. Üblicherweise werden jedoch drei Trokare gesetzt, einer für die Kamera und jeweils zwei für die Führung von Instrumenten.

---

[7] Die Grundlage für die folgenden Ausführungen zur Fallstudie bildet eine reale wissenschaftliche Untersuchung eines Medizintechnikunternehmens im deutschsprachigen Raum (Klein 2011).

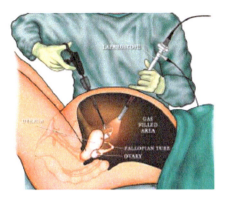

Abbildung 42:    Vereinfachte Darstellung einer Laparoskopischen Operation mit einem Instrument in der Bauchhöhle und einem Laparoskop in den Händen des Chirurgen (Quelle: Klein 2011, 16)

Die Laparoskopie wird vom Chirurgen durchgeführt und von einem Assistenzarzt begleitet. Dieser führt in der Regel die Kameraoptik, während der Chirurg
mit den Instrumenten arbeitet. Die Kameraoptik ist über ein Kabel an eine
Lichtquelle und ein Videosystem angeschlossen, welches die Bilder des Innen-
raumes auf einen Monitor überträgt. Der Chirurg kann seine Arbeit somit auf
dem Monitor verfolgen.

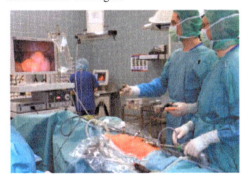

Abbildung 43:    Laparoskopische Operation: Monitor und Kamerageräte (Quelle: Klein
2011, 16)

**Die Single-Port-Chirurgie**

Schon der Name der neuen Technik – Single-Port-Chirurgie – beschreibt das
Besondere daran: Nur über einen Trokar (Port) wird operiert. Die in den letzten

Jahren neu entwickelte Technik nutzt die gewissermaßen natürliche Narbe des Menschen – den Bauchnabel –, um über diesen Weg sämtliche Kamera- und Arbeitsinstrumente einzubringen. Damit alle Geräte durch den Bauchnabel passen, wird die Inzisionslänge auf 1-3cm erhöht. Auf der anderen Seite entfallen dafür aber weitere Inzisionen. Dem allgemeinen chirurgischen Ziel, mit so kleinen Inzisionen wie nur möglich zu arbeiten, ist somit in der Reduzierung der Anzahl der Inzisionen Genüge getan.

Das Grundinstrumentarium und die Arbeitsschritte bleiben im Vergleich zur konventionellen Laparoskopie nahezu gleich. Es wird ein Schnitt in den Bauchnabel vorgenommen, ein Single-Port-Trokar eingeführt und durch diesen wiederum Kameraoptik und Instrumente in den Körper eingebracht. Die Instrumente werden von außen vom Operateur und Assistenzarzt bedient und das intraabdominale Geschehen wird auf einem Monitor verfolgt. Die Technik hat bereits Einzug in viele Applikationen verschiedener Fachrichtungen gehalten. Speziell bei Gewebeentnahmen bietet sich diese Technik an, da ohnehin größere Inzisionen zur Entnahme notwendig sind.

Die Namensgebung der Technik ist noch sehr frei und die Literatur hat sich noch auf keinen einheitlichen Namen geeinigt. Die Industrie sowie auch die Chirurgen haben ihren Techniken eigene, zum Teil geschützte Namen gegeben. So finden sich in der Literatur abgekürzte Synonyme, wie LESS (Laparoendoscopic single site surgery), SILS (Single-incision Laparoscopic Surgery), SPA (Single Port Access), SSL (Single-Site Laparoscopy), OPUS (One-Port Umbilical Surgery), TUES (Trans Umbilical Endoscopic Surgery) etc., um die gängigsten Namen aufzuführen. Um Verwirrungen zu vermeiden, wird in dieser Fallstudie die allgemein verständliche und neutrale Beschreibung Single-Port-Chirurgie benutzt.

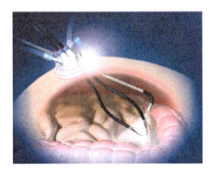

Abbildung 44:   Darstellung eines Single-Port-Eingriffs am Darm. Instrumente und Kamera werden durch nur einen Trokar eingeführt (Quelle: Klein 2011, 18)

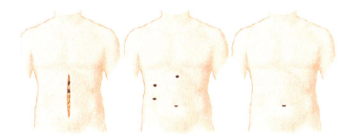

Abbildung 45:   Vergleich Laparotomie, Laparoskopie, Single-Port-Chirurgie (Quelle: Klein 2011, 33)

**Der Kunde**

Bei der Suche nach dem Kunden gibt es verschiedene Möglichkeiten: Die Krankenversicherung, die die Behandlung bezahlt, der Patient, der die Leistung beansprucht, oder der Arzt, der mit den medizinischen Geräten arbeitet. Sind alle Kunden?

Krankenversicherung: Seit Einführung der Diagnosis Related Groups (DRG) sind die Krankenhäuser angehalten, ökonomisch-medizinisch sinnvoll zu wirtschaften. Die Kliniken erhalten für die gestellte Diagnose Pauschalbeträge zur Behandlung. Arbeitet das Krankenhaus effizient und wirtschaftlich, so bleibt ein Überschuss als Gewinn übrig. Falls die Behandlung zu lange dauert oder zu kostspielig wird, können auch Verluste gemacht werden. Da mittlerweile die meisten Kliniken gewinnbringende Organisationen sind (GmbH, AG, …), ist der

Druck zur Gewinnerzielung und damit der Kostendruck auf die Behandlung sehr stark. Teure Geräte, die keinen erkennbaren medizinischen oder wirtschaftlichen Vorteil bringen, dürfen nicht gekauft werden. Die Krankenversicherung selektiert durch diesen ökonomischen Druck indirekt die Medizinprodukte nach ihrem Preis-/Leistungsverhältnis.

Der Patient: Die Rolle des Patienten hat sich in den letzten Jahren stark verändert. Durch die Entwicklung des Internets begann eine Massenaufklärung, die auch den Durchschnittsbürger befähigte, sich über seine Krankheiten und mögliche Behandlungsmethoden zu informieren. Foren im Internet bieten die Möglichkeit, sich über Ärzte auszutauschen und Erfahrungsberichte von anderen Patienten zu lesen. Auch die Patientenmacht mit der freien Klinikwahl nimmt durch Information zu. Die Kliniken sind nun gezwungen, Marketing zu betreiben, um damit Patienten anzulocken, die den Umsatz erhöhen. Bietet Klinik A eine Appendektomie mit der alten offen-chirurgischen Methode an, wobei beim Patient eine mindestens 10cm große Narbe verbleibt, und Klinik B eine Appendektomie mit der neuen Single-Port-Technik, ohne sichtbare Narbe, so wird sich der Patient bei gleichbleibenden Bedingungen meist für Klinik B entscheiden. Der Patient ist aufgeklärt und zwingt Ärzte, sich neue Techniken anzueignen, und nicht selten auch Krankenkassen, diese neuen Techniken zu bezahlen.

Der Chirurg: Krankenkassen und Patienten setzen den Chirurgen unter Druck. Nichtsdestotrotz hat er die medizinische Verantwortung und muss entscheiden, wie eine Operation durchgeführt wird. Er ist derjenige, der sich informiert, testet, auswählt und die Geräte bestellt. Die Instrumente kommen zu ihm, und er ist der direkte Anwender. Nach DIN ISO 8402 ist er als „Empfänger eines vom Lieferanten bereitgestellten Produktes", der ‚Kunde'.

Der Kunde, also der Arzt, hat verschiedene Kriterien, die er beim Kauf eines Produkts berücksichtigt. Die Funktionalität steht hierbei an erster Stelle. Das gewünschte Gerät muss seine Anforderungen erfüllen und ihm die Möglichkeit bieten, die Operation sicher, einfach und schnell durchzuführen. Erfüllt ein Gerät diese Anforderungen besser als andere Geräte, so wird das erste bevorzugt gewählt. Bietet ein Gerät einzigartige Eigenschaften, die eine Operation ermöglichen, welche sonst nicht machbar wäre, besitzt es ein Alleinstellungsmerkmal (USP) und stößt dann selbst als „High-Price-Product" auf eine hohe Nachfrage.

Der Chirurg ist dennoch in seiner Auswahl durch die Pauschalierung des Behandlungsbudgets begrenzt. Chefärzte besitzen eher die Möglichkeit, neue, innovative, aber teure Produkte zu erhalten. Oberärzte, die den Großteil der Operationen durchführen, werden dagegen angehalten, die preis-/leistungsstärksten Produkte zu nutzen.

**Was möchte der Kunde?**

Um herauszufinden, was sich der Chirurg wünscht, wurde ein Fragebogen an 62 Ärzte in Deutschland und der Schweiz versendet. Die Umfrage war anonym und an Chirurgen adressiert, die in Trainingszentren arbeiten und sich mit neuen Operationstechniken wie der Single-Port-Chirurgie auseinandersetzen. Der Fragebogen ließ die Chirurgen Geräteeigenschaften bezüglich ihrer Wichtigkeit benoten. 53 % der Fragebögen (33 Stück) kamen zurück, wobei drei Bögen inkorrekt ausgefüllt wurden und deswegen nur teilweise ausgewertet werden konnten. Alle anderen Fragebögen wurden vollständig in die Auswertung aufgenommen.

Die Antworten kamen aus folgenden Fachbereichen, wobei Mehrfachnennungen möglich waren: Viszeralchirurgie (29), Bariatrische Chirurgie (10), Thoraxchirurgie (3), Urologie (2), Kinderchirurgie (0), Gynäkologie (0), Sonstige (2).

### Welche Kriterien sind für eine OP aus Ihrer Sicht am wichtigsten?

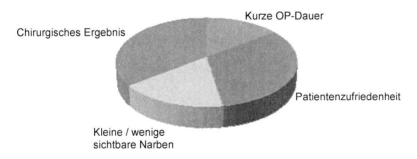

Abbildung 46:     Darstellung der wichtigsten Kriterien für eine OP (Quelle: Klein 2011, 37)

Um die Rahmenbedingungen der Chirurgen für eine Operation besser zu verstehen, wurden diese nach den für sie wichtigsten Kriterien einer OP befragt. Von 32 Antworten konnten 30 ausgewertet werden. Dabei zählte das chirurgische Ergebnis zum wichtigsten Kriterium (Note 1,17), dicht gefolgt von der Patientenzufriedenheit (Note 1,27). Kosmetische Kriterien wurden als weniger wichtig gewertet (Note 2,4). An letzter Stelle stand die Operationsdauer (Note 2,77).

Die folgenden Tabellen enthalten die Fragen samt den Ergebnissen des Fragebogens zu Anforderungen an ein Kamerasystem, laparoskopisches Instrument und Trokar.

| Welche Anforderungen an ein laparoskopisches Kamerasystem sind Ihnen am wichtigsten? | Durchschnittliches Ergebnis/ Note (1=sehr gut, 6= sehr schlecht) | Rating [%] Je niedriger desto besser) | Platzierung (1=sehr gut, 6= sehr schlecht) |
|---|---|---|---|
| Gute Bildqualität | 1,07 | 6,46 | 1 |
| Geringe Behinderung durch Licht/ Optikkabel | 1,93 | 11,71 | 2 |
| Einstellbarer Winkel der Optik | 2,43 | 14,74 | 3 |
| Fixierungsmöglichkeit dieser Abwinklung | 2,73 | 16,56 | 4 |
| Design | 4,10 | 24,85 | 5 |
| Gewicht der Kamera | 4,24 | 25,69 | 6 |

Tabelle 7:      Wichtigste Anforderungen an eine laparoskopische Kameraoptik (Quelle: Klein 2011, 55)

| Welche Anforderungen an ein laparoskopisches Instrument sind Ihnen am wichtigsten? | Durchschnittliches Ergebnis/ Note (1=sehr gut, 6= sehr schlecht) | Rating [%] Je niedriger desto besser) | Platzierung (1=sehr gut, 6= sehr schlecht) |
|---|---|---|---|
| Ergonomie | 1,37 | 20,10 | 1 |
| Bewegungsfreiheit/ Anzahl Freiheitsgrade | 1,90 | 27,94 | 2 |
| viele Funktionen/ Multifunktionelles Design | 3,53 | 51,96 | 3 |

Tabelle 8:      Wichtigste Anforderungen an ein laparoskopisches Instrument (Quelle: Klein 2011, 56)

| Welche Anforderungen an einen laparoskopischen Trokar sind Ihnen am wichtigsten? | Durchschnittliches Ergebnis/ Note (1=sehr gut, 6= sehr schlecht) | Rating [%] Je niedriger desto besser) | Platzierung (1=sehr gut, 6= sehr schlecht) |
|---|---|---|---|
| Gute Gasabdichtung des Trokars | 1,37 | 12,09 | 1 |
| Fester Halt des Trokars in der Bauchwand | 1,63 | 14,45 | 2 |
| Eignung für unterschiedliche Bauchdicken | 1,79 | 15,87 | 3 |
| Kleine/ kurze Inzision | 1,89 | 16,75 | 4 |
| Einfacher und schneller Trokareinstich | 2,07 | 18,29 | 5 |
| Anzahl Kanäle (bei Single Port Trokaren) | 2,55 | 22,58 | 6 |

Tabelle 9:      Wichtigste Anforderungen an einen Trokar (Quelle: Klein 2011, 56)

**Aufgaben**

1. Welche Dimension des Servicemarketingdreiecks steht in der Fallstudie im Zentrum?

2. Welches GAP möchte das Management des Medizintechnikunternehmens mit der durchgeführten Umfrage schließen?

3. a) Welche verschiedenen Akteure beeinflussen die Kundenzufriedenheit?

   b) Ordnen Sie die Akteure den Bereichen innerhalb des Ihnen bekannten Kundenzufriedenheitsschematas zu, welche diese am meisten beeinflussen. Gehen Sie von der Dienstleistung laparoskopische OP, bspw. Cholezystektomie (Entfernung der Gallenblase), aus.

4. a) Wählen Sie eine der Eigenschaftstabellen (Kameraoptik, Instrument, Trokar) der Fallstudie aus. Zeichnen Sie hierfür eine Anspruchsniveau-/Toleranzzonen-Grafik aus Kundensicht (Chirurgensicht).

   b) Welche weiteren Informationen bräuchten Sie, um aus den Grafiken ein Qualitätsinformationssystem aufbauen zu können?

5. a) Welches wäre die idealtypische Wirkungskette einer Werbebotschaft eines laparoskopischen Instrumentenherstellers?

   b) Basierend auf den Kriterien für eine erfolgreiche Operation, wie müsste eine ideale Werbebotschaft für potenzielle Patienten aufgebaut sein?

## 10.3 Online-Gesundheitsdienstleistung – Das Portal www.gib-darmkrebs-keine-chance.de[8]

Der Vertriebsleiter Horst Gleich von gib-darmkrebs-keine-chance.de [GDKC] präsentiert die Marktdaten zur Darmkrebsvorsorge vor dem mittelständischen Leuchtmittelhersteller LEDinnovative einem Metronom gleich: „Mit etwa 70.000 Neuerkrankungen im Jahr ist Darmkrebs die häufigste Krebserkrankung in Deutschland. Etwa 29.000 Menschen sterben jährlich an dieser Krebsform. Etwa jeder 20. Deutsche wird in seinem Leben an Darmkrebs erkranken. Darmkrebs ist die Krebsart mit der höchsten Zahl der Neuerkrankungen pro Jahr, Tendenz deutlich steigend. Ursachen sind u.a. eine falsche Ernährung, zu wenig Bewegung, Rauchen und Alkohol." Die Schwingungen und Pausen seiner Sätze werden immer kürzer. Das Metronom pendelt sich immer enger ein, dann fährt er fort: „Darmkrebs lässt sich aber durch frühzeitige Vorsorge verhindern. Von einer erkennbaren Vorstufe bis hin zum Ausbruch des Krebses können 10 Jahre vergehen. Wird der Krebs frühzeitig erkannt, so ist er zu nahezu 100 % heilbar." Die Personalleiterin des Leuchtmittelherstellers, Frau Glüh, unterbricht: „Und nun?" Gleich grinst Frau Glüh an und entgegnet: „Im Rahmen unseres Vorsorgeprogramms erfahren Teilnehmer, ob sie ein erhöhtes Darmkrebsrisiko haben und erhalten die Möglichkeit, einen Test auf verstecktes Blut im Stuhl zu machen, der dann in unserem Labor ausgewertet wird." Darauf der Geschäftsführer von LEDinnovative, Herr Mendel: „Angenommen, wir hätten Interesse, wie genau läuft der Prozess ab, was kostet eine Untersuchung und ist das nicht Privatsache unserer Mitarbeiter?" Gleich: „Erlauben Sie mir, mit dem letzten Punkt zu beginnen. Die gesamte Dateneingabe erfolgt über unser Online-Portal. Die Daten werden absolut vertraulich behandelt, werden nur zur Zustellung der Ergebnisse verwendet und sind selbstverständlich Privatsache für die Anwender und für Sie als Arbeitgeber nicht einsehbar. Zudem gibt es etliche Studien – bspw. zuletzt die der IGA (Initiative Gesundheit und Arbeit) – die untermauern, dass das Kosten-Nutzen-Verhältnis für Arbeitgeber durch reduzierten Absentismus bei 2,50- 4,90 EUR je investiertem Euro in Vorsorge liegt. Zudem können Sie ja seit 2009 500 EUR je Mitarbeiter steuerfrei für betriebliche Gesundheitsförderung ausgeben. Eine vollständiger Test samt Auswertung etc. kostet, sofern Sie

---

[8] Die Ausführungen zur Fallstudie basieren auf Daten von www.gib-darmkrebs-keine-chance.de/.

mindestens 30 Untersuchungskits abnehmen, 11,90 EUR." „Aha, so langsam kommen wir zu den Details. Doch wie schaut denn nun der Prozess genau aus", bohrt Mendel nach. Gleich erkennt gesteigertes Interesse bei Mendel und fährt engagiert fort: „Zunächst werden alle Mitarbeiter mittels Anschreiben, Informationsflyer informiert. Dies kann offline oder online per E-Mail erfolgen. Zu den Informationen erhält jeder Mitarbeiter einen Fragebogen mit Angaben zur Person, Erkrankungen etc., um so die Mitarbeiter in Risikogruppen einteilen zu können. Die Mitarbeiter senden den Fragebogen entweder per Post zu oder geben ihre Daten direkt mittels unseres Online-Portals an uns weiter. Wir teilen die Mitarbeiter in Risikogruppen ein, wobei bei hohem Risiko eine telefonische, ärztliche Beratung von unseren Vertragsärzten, bei mittlerem Risiko das Durchführen des Tests und bei niedrigem Risiko kein Test erfolgt. Sollte ein Test erfolgen, erhält der Proband ein Testkit zugesandt, welches er mit einer Stuhlprobe an GDKC zurücksendet. Unser Labor wertet den Test aus und informiert den Probanden über das Testergebnis. Ist das Ergebnis positiv, wird dem Probanden dringend empfohlen, medizinische Schritte zur Bekämpfung des Darmkrebses einzuleiten. Ist das Ergebnis negativ, wird dem Probanden die von Ärzten empfohlene jährliche Wiederholung geraten." Frau Glüh ist noch nicht überzeugt: „Und weshalb sollen wir Sie und nicht einen Ihrer Wettbewerber beauftragen?" „Durch unsere optimierten Prozesse, bspw. unserem weltweit führenden Logistikpartner, die qualitativ höherwertigen Tests unseres Labors im Vergleich zur Konkurrenz und die Kombination mit dem Online-Portal sind wir schneller und besser." Herr Mendel will zum Ende kommen: „Wissen Sie was, Herr Gleich, wir nehmen Ihnen 30 Tests zu 30 mal 11,90 EUR, folglich knapp 360 EUR ab, sofern Sie uns zusichern, sollten wir diese nicht sofort benötigen, dass wir die Überzähligen auch noch nächstes Jahr nutzen können." Herr Gleich fällt es schwer, seine Freude zu verbergen, weiß er doch nur zu gut, dass, wenn ein Kunde einmal angebissen hat, dieser der GDKC auf Jahre hinweg die Treue halten wird. Zudem ist es wahrscheinlich, dass über Mund-zu-Mund-Propaganda die Ehepartner der Mitarbeiter und deren Angehörige sicher auch bald privat und unbeobachtet ein Test-Kit für 15,90 EUR bestellen, sofern ein Test nach Eingabe der Daten angeraten wurde. Einige dieser Kunden werden dann guten Bekannten auf ihrer Arbeitsstelle von der Möglichkeit des Tests erzählen, bis diese Information schließlich zur Personalabteilung vordringt. So ist jeder neue Geschäftsabschluss in spätestens einem Jahr mindestens 3 weitere wert. „Herzlichen Dank, Herr Mendel und Frau Glüh. GDKC wird Sie nicht enttäuschen. Sobald Sie die knapp 360 EUR überwiesen haben, stoßen wir den Prozess an. Sobald ein Mitarbeiter die Dienstleistung in Anspruch nimmt, erhalten Sie eine Fakturierung, bis 30 Tests abgerufen wurden. Selbstverständlich erreichen Sie mich bei Fragen stets unter der angegebenen Telefonnummer auf meiner Visitenkarte." Frau Glüh begleitet Herrn Gleich zum Portier hinaus. Herr Mendel macht sich auf den Weg in die Kantine und ist erfreut, als er frische Dorade in Vollkornteigmantel mit Buttergemüse und Pellkartoffeln entdeckt. „So", denkt er, „kann ich einen möglichen Test frohen Mutes auf mich zukommen lassen."

**Aufgaben**

1. Zeichnen Sie einen idealtypischen Geschäftsprozess (bspw. in Anlehnung an die weitverbreitete Wertschöpfungskette von Porter). Markieren Sie den Teil, auf den sich GDKC konzentriert, und führen Sie die Instrumente an, die GDKC dafür nutzt.

2. Zeichnen Sie die Bestandteile einer Dienstleistungsblaupause (unabhängig vom obigen Fallbeispiel)

3. Zeichnen Sie eine Dienstleistungsblaupause für die im Fall beschriebene Dienstleistung „Darmkrebsvorsorge" mit „mittlerem Risiko". Orientieren Sie sich dabei an den unten angegebenen Schritten:

   1) Festlegung des Dienstleistungsprozesses im Einzelnen
   2) Identifizierung der Kunden bzw. der Kundensegmente
   3) Aufzeichnen des Prozesses aus der Sicht des Kunden
   4) Aufzeichnen der Aktivitäten des Kontaktpersonals „vor und hinter der Bühne"
   5) Verbinden der Aktivitäten des Kunden und des Kontaktpersonals mit den Aktivitäten der unterstützenden Funktionen
   6) Hinzufügen der greifbaren Bestandteile der Dienstleistung für jede Kundenaktivität

4. Was sind die „Moments of Truth" bei GDKC?

5. Welchen Nutzen sehen Sie in einer Dienstleistungsblaupause?

## 10.4 Arztbesuch im Ausland – „Gewöhnlicher Arztbesuch in den USA"[9]

**Zu einem schlanken Gesundheitssystem**

Von Zeit zu Zeit sorgen sich Konsumenten über ihre Gesundheit und viele benötigen eine Behandlung aufgrund wirklicher Gesundheitsprobleme. Etwa viermal im Jahr geht der gewöhnliche Amerikaner zu Diagnosezwecken zu seinem Arzt oder in ein medizinisches Zentrum. Darauf folgt ein Behandlungsprozess, sofern nötig. Wie sollen wir die Optionen für dieses zweistufige Problem analysieren? Die Prinzipien von „schlankem Konsum" können wie folgt angewendet werden:

- Wir wollen das Gesundheitsproblem vollständig gelöst haben, d.h. wir wollen eine exakte Diagnose ohne Fehler und die beste Behandlung.

- Wir wollen unsere Gesamtkosten minimieren. Da die meisten von uns nicht direkt die gesamten Kosten bezahlen [ein Teil übernimmt die Krankenkasse], wollen wir insbesondere unsere Zeit nicht verschwenden.

- Wir wollen Diagnose und Behandlung genau dann erhalten, wann wir es wollen, ohne lange auf einen Termin warten oder diesen zu unangenehmen Zeiten wahrnehmen zu müssen.

- Wir wollen Behandlung und Diagnose genau dort, wo wir wollen, idealerweise nahe unseres Wohnorts, Schule oder Arbeitsplatzes.

Wie sehen nun die Möglichkeiten des heutigen Gesundheitssystems aus? Wir erstellen eine Matrix der Gesundheitsmöglichkeiten. Dabei wirkt sich vorteilhaft aus, dass die große Mehrheit von Konsumenten (Patienten) derzeit dieselben Schritte eines ähnlichen Prozesses durchläuft.

**Der konventionelle Diagnoseweg**

Angenommen ein Konsument hat eine einfaches Problem: Chronische Heiserkeit und Halsschmerzen, besonders nachts. Während viele Informationen und Anleitungen sowie ein medizinisches Wörterbuch – welches gewöhnliche Diagnosen und Behandlungen empfiehlt – im Internet verfügbar sind, erreichen doch die meisten von uns einen Punkt, an dem wir plötzlich den Rat eines Experten

---

[9] Die folgenden Ausführungen basieren auf Womack & Jones (2005) Lean Solutions, Free Press, New York, S. 238-252; übersetzt ins Deutsche.

als notwendig erachten: „Es könnte etwas Ernstes sein, sogar lebensbedrohlich. Ich suche besser einen Arzt auf."

Der typische erste Schritt besteht aus einem Anruf beim Erstgesundheitsdienstleister, um einen Termin zu vereinbaren. In den USA bedeutet dies, sich mit der HMO (= „Health Maintenance Organization", eine Art Krankenversicherungs- und Versorgungsmodells) in Verbindung zu setzen und einen Versicherungsplan zu erhalten.

Dieser erste Schritt umfasst für gewöhnlich einige Anrufe und Rückrufe mit dem Rezeptionisten oder der Krankenschwester, welche die Erstprüfung der Patientenanfrage durchführt. Danach sind einige weitere Telefonate nötig, um einen Besuch mit dem HMO-Spezialisten für Halskrankheiten zu vereinbaren. Aufgrund des engen Zeitplans der Spezialisten, welcher meist noch keinen offenen Zugang gewährleistet, liegt dieser Termin für gewöhnlich einige Tage später und zu einer unangenehmen Uhrzeit.

Der Arzt eröffnet während des Termins, zumeist nach einiger Wartezeit, dass für eine abschließende Diagnose und Behandlungsempfehlung ein Besuch bei einem noch spezialisierteren großen Gesundheitszentrum nötig ist. Aufgrund der immens teuren Ausstattung und Experten dieses großen Gesundheitszentrums, sollen diese vollständig mit abrechenbaren Aufgaben ausgelastet sein. Die Folge ist eine lange Schlange, die eine lange Wartezeit bis zum ersten Termin bedeutet. Zudem sind die etlichen nötigen Untersuchungen oftmals zu einer für den Patienten ungünstigen Uhrzeit. Schlussendlich ist das große Gesundheitszentrum als solches für den Patienten ungünstig, liegt es doch zumeist viele Kilometer entfernt von dessen Wohn- oder Arbeitsort. Zudem stellt es eine Herausforderung dar, einen Parkplatz zu finden und in dem riesigen Gebäudekomplex den richtigen Flügel, Stock und Büro ausfindig zu machen.

Dann haben die teuren Ärzte mit den teuren Gerätschaften eine gute Nachricht. Es ist kein Krebs und keine innere Blutung. Das Problem ist ein moderater saurer Rückfluss, der mit Diät, kontrolliertem Atmen und einigen einfachen Medikamenten unter Kontrolle zu bringen ist. Der Diagnoseprozess enthält in einer Situation, in der keine weiteren Anschlusstermine oder Behandlungen notwendig sind, immer noch etliche Schritte, die viel Patientenzeit und Zeit des Gesundheitssystems verschwenden, hohe Ausgaben für das Gesundheitssystem bedeuten und viele weitere Unannehmlichkeiten. Wir haben diesen Prozess mit einer Liste der Schritte und der benötigten Zeit für den Patienten und für den Dienstleister in den folgenden Tabellen zusammengefasst.

**Schritte und Zeit des Patienten**

| | Schritte | Zeit |
|---|---|---|
| 1 | Anruf HMO, um Problem zu diskutieren (inklusive Warteschleife) | 5 min. |
| 2 | Rückruf HMO, um Problem zu diskutieren | 5 min. |
| 3 | Anruf HMO Halsspezialist (inkl. Warteschleife) | 5 min. |
| 4 | Rückruf HMO Halsspezialist | 5 min. |
| 5 | Fahrt zum Termin | 10 min. |
| 6 | Parken | 5 min. |
| 7 | Fußweg zur Praxis | 2 min. |
| 8 | Wartezeit in der Praxis | 20 min. |
| 9 | Treffen mit Spezialist | 20 min. |
| 10 | Heimweg (gehen, parken, fahren) | 17 min. |
| 11 | Anruf Medizinzentrum für Termin (inkl. Warteschleife) | 5 min. |
| 12 | Rückruf Medizinzentrum mit Termin | 5 min. |
| 13 | Fahrt zum Medizinzentrum | 45 min. |
| 14 | Parken | 5 min. |
| 15 | Fußweg zum Termin | 10 min. |
| 16 | Wartezeit für Behandlung | 30 min. |
| 17 | Erste Behandlung | 30 min. |
| 18 | Heimweg (gehen/fahren) | 60 min. |
| 19 | Anruf Medizinzentrum für 2. Termin | 5 min. |
| 20 | Anfahrt/Parken/Gehen zum Termin | 60 min. |
| 21 | Wartezeit auf Behandlung | 30 min. |
| 22 | Behandlung | 30 min. |
| 23 | Heimweg (gehen/fahren) | 60 min. |
| 24 | Anruf Spezialist zur Ergebnismitteilung | 5 min. |
| 25 | Diskussion der Ergebnisse mit Spezialisten | 10 min. |
| | **Gesamtdauer** | **8 Std. 4 min.** |
| | **Behandlungszeit (wertschaffende Zeit)** | **1 Std. 30 min.** |
| | **Anzahl Schritte** | **24 Schritte** |

**Schritte und Zeit des Dienstleisters**

| | Schritte | Zeit |
|---|---|---|
| 1 | Beantwortung des Patientenanrufs | 2 min. |
| 2 | Rückruf Patient zur Diskussion des Problems | 5 min. |
| 3 | Beantwortung des Patientenanrufs | 2 min. |
| 4 | Rückruf, um Problem zu diskutieren und Termin zu vereinbaren | 5 min. |
| 5 | Erhalt der medizinischen Akte, um Besuch vorzubereiten | 10 min. |
| 6 | Kontrolle, ob Patient zum Termin da ist | 10 min. |
| 7 | Treffen des Spezialisten mit Patienten | 20 min. |
| 8 | Spezialist notiert Falldetails | 10 min. |
| 9 | Beantwortung des Patientenanrufs im Medizinzentrum | 2 min. |
| 10 | Rückruf an Patient zur Terminvereinbarung | 5 min. |
| 11 | Terminbestätigung mit Zeiterfassungssystem, Bestellung der Akten | 10 min. |
| 12 | Kontrolle, ob Patient zum Termin da ist | 10 min. |
| 13 | Erste ärztliche Diagnose | 30 min. |
| 14 | Notieren der Ergebnisse | 10 min. |
| 15 | Beantwortung Patientenanruf und Terminvereinbarung | 5 min. |
| 16 | Kontrolle, ob Patient zum Termin da ist | 10 min. |
| 17 | Zweite ärztliche Diagnose | 30 min. |
| 18 | Notieren von Ergebnissen, Diagnose und empfohlener Behandlung | 10 min. |
| 19 | Besprechung der Befunde und Behandlung mit Patient | 10 min. |
| | **Gesamtdauer** | **3 Std. 16 min.** |
| | **Behandlungszeit (wertschaffende Zeit)** | **1 Std. 30 min.** |
| | **Anzahl Schritte** | **19 Schritte** |

Basierend auf den Tabellen, stapeln wir die Schritte und zeichnen eine „Konsumprozessabbildung" über einer „Dienstleisterprozessabbildung". Mittels Einfärben der wertschaffenden Schritte erkennen wir, dass ¾ der Patientenzeit sowie die Hälfte der Dienstleisterzeit verschwendet ist. Die untenstehende Grafik zeigt dies.

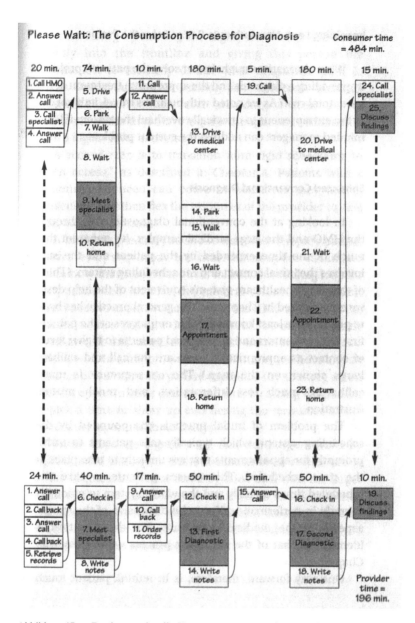

Abbildung 47: Der konventionelle Konsumprozess zur Diagnose (Quelle: Womack & Jones 2005, 243)

Wir können diese Information nun in eine Lösungsmatrix übersetzen.

Abbildung 48:   Lösungsmatrix mit konventionellem Prozess (Quelle: Womack & Jones 2005, 242)

Die Lösungsmatrix zeigt, dass der konventionelle Prozess insbesondere bei der Patienten- bzw. Kundenzeit schlecht abschneidet, weshalb die Summe Konsument deutlich negativ ist.

**Schlanke Alternativen, um das Problem besser zu lösen**

Welche Alternativen könnten das Problem des Patienten besser lösen, indem sie die Diagnose und angemessene Behandlung zu geringeren Kosten ermöglichen? Sofern Manager mit dem schlanken Ansatz die aktuellen Probleme lösen können, ist es nicht notwendig, das Gesamtsystem umfassend zu überholen.

**Erweiterte konventionelle Diagnose**

Betrachten wir den gewöhnlichen Diagnoseweg mittels HMO und dem großen Medizinzentrum, so fällt uns auf, dass ein großer Anteil der Zeit des Patienten und der Angestellten beim Erstkontakt aufgewendet wird. Die übliche Praxis ist hier, die am wenigsten kompetenten Angestellten den Erstkontakt mit dem Patienten führen zu lassen und den Patienten dann, sofern erforderlich, zu Kontakten mit einer höheren Qualifikation zu vermitteln (dies sind die Anruf- und Rückrufschleifen in der Abbildung). Das Ergebnis sind etliche Rückrufe, viel verlorene Information und viel gegenseitige Frustration.

Das Problem des Erstkontaktes ist mit dem Buchungssystem vermischt, welches dem Patienten typischerweise vorschreibt, pünktlich zu einem Termin zu erscheinen, welcher oftmals unwahrscheinlich ist, vom Dienstleister eingehalten zu werden. Das führt dazu, dass Patienten die Termine locker nehmen und das ganze System immer mehr an Leistung verliert.

Ein Schritt nach vorne besteht darin, den Erstkontakt durch eine Kranken-schwester mit hohem Wissensstand durchführen zu lassen, welche unterstützt durch die notwendigen Informationen dann sofort entscheiden kann, welcher Behandlungsweg angemessen ist. Dies zu verwirklichen bedeutet, die elektroni-sche Patientenakte sofort zugänglich zu machen und die Krankenschwester mit einem definierten Behandlungswegeplan auszustatten, welcher keine nochmali-ge Bestätigung durch eine höhere Instanz benötigt.

Ein zweiter Schritt nach vorne ist der vom rigiden Planen und Terminieren zu einem „offenen Zugang". Patienten mit einem sichtbaren Bedarf können, wann immer es für sie passend ist, in die Praxis kommen, wobei die Ressourcen des Dienstleisters flexibilisiert werden, um die variable Nachfrage zu befriedigen.

Eine einfache Analyse zeigt, dass sofern der Patientenkontaktpunkt in jedem Schritt des Wertschöpfungsprozesses vereinfacht wird, vier Schritte in der An-ruf/Rückruf-Schleife für den Patienten und für den Medizindienstleister entfal-len. Der Patient würde nur noch zwei Anrufe tätigen müssen, einen zum HMO und einen zum Medizinzentrum. Da Entscheidungen zum Was und Wann dies zu tun ist sofort getroffen werden, würden die Dienstleister ebenfalls in lediglich zwei Anrufen antworten.

Zudem können wir die eine Stunde 20 Minuten Wartezeit (durch pünktliches Er-scheinen und zu späten Beginn des Termins) des Patienten verkürzen, in dem wir den Patienten bitten, eine Zeit seiner Wahl auszuwählen, und indem wir die Ressourcen flexibilisieren, sodass keine Verspätungen entstehen.

Diese Schritte sind ein guter Anfang und können durch zielstrebige Manager ohne einen fundamentalen Wandel des Diagnosesystem erreicht werden. Diese Schritte umfassen jedoch noch nicht das Problem der riesigen und weit entfern-ten Medizinzentren, die die meiste Zeit und Ressourcen im Diagnoseprozess verschlingen. Wir betrachten nun gemeinsam das Problem aus Sicht eines Ent-repreneurs.

### Optimierte Diagnosemöglichkeiten

Große Medizinkomplexe sind die komplizierteste und verworrenste Struktur, die von der Gesellschaft aus guten Gründen geschaffen wurde. Sie wurden gebaut, um teure Gerätschaften und teure Spezialisten mittels komplexer Gebäude und teurer Buchungssysteme zu teilen. Sie vermischen etliche Diagnose- und Behandlungsströme, die alle teure Ausstattung und teure Spezialisten mittels eines Buchungssystems beanspruchen.

Dem „Lean Thinker" ähneln diese Einrichtungen sehr den Fabriken der Massenproduktion, welche Aktivitäten durch Abteilungen trennt. Alles Schweißen wird in der Schweißabteilung erledigt. Alles Lackieren wird in der Lackiererei erledigt. Die Montage findet in der Montagehalle statt. Die Teile (in unserem Fall Patienten) wandern von Behandlung zu Behandlung und stoßen dazwischen immer wieder auf Warteschlangen. Etliche herkömmliche Fabriken haben auch Zentrallager, in denen Teile warten, bis sie im nächsten Schritt weiterbearbeitet werden. Diesen Lagern ähneln wartende Patienten in Krankenhäusern.

Einer von uns hatte erst kürzlich direkte Erfahrung mit diesem Phänomen, als ein älterer Verwandter Symptome entwickelte, welche einen Besuch in einem dieser großen Medizinzentren nötig werden ließen. Als ein interessierter Leser unserer vorherigen Schriften schlug der ältere Herr vor, ein Zeit- und Schrittebuch des Behandlungsprozesses zu führen. Am Ende waren über 100 Schritte über 4 Tage hinweg notwendig. Darin enthalten waren 3 Nächte in einem Patientenzimmer hoch über den Dächern der Stadt. In der Gesamtzeit von 96 Stunden zwischen Ankunft und Entlassung mit einer Diagnose war der Patient lediglich in vier diagnostischen Schritten mit einer Dauer von zwei Stunden involviert. der gesamte Rest war Wartezeit zur Benutzung der komplexen Ausstattung und noch mehr Wartezeit, bis der Spezialist das Ergebnis der Tests interpretierte. Die Gesamtrechnung für die Krankenkasse und Versicherung belief sich auf 12.000 USD. (Zufälligerweise stellte der Arzt mit der Erstdiagnose nach 10 Minuten denselben Befund fest wie das ausgefeilte Testsystem. Folglich wurden die 4 zusätzlichen Tage und ein Großteil der 12.000 USD zur Bestätigung der Anfangsdiagnose aufgewendet.)

Überflüssig zu sagen, dass mit all dieser Bewegung und Koordination der komplexen Systeme ein ausgefeiltes Buchungs- und Reservationssystem zentral ist.

In der Welt der Fabriken haben „Lean Thinker" große Fortschritte mit dem Aufspalten von „Prozessdörfern", die verschiedene Aktivitäten beheimateten, und dem Einrichten der Ausstattung und technischen Expertise anhand des Prozessablaufs gemacht. Dies erlaubt dem Bauteil sofort von einem zum nächsten Prozessschritt weiterzugehen, idealerweise als Einzelstück in einem Fluss ohne Warten und Lager zwischen den Schritten. Dies erlaubt es auch, die Fabrik aufzubrechen und bspw. verschiedene Produktfamilien in Gebäuden näher zum Kundenort zu verlagern.

Um dieses Prinzip im Gesundheitswesen anzuwenden, bedarf es eines wahrhaften Entrepreneurs. Die Schwierigkeit besteht darin, dass dem Betreiber des großen Medizinzentrums ein Umsatzverlust droht, der die Gesamtkalkulation unwirtschaftlich machen kann. Folglich werden die errichteten Zentren mit äußerster Härte den Status quo verteidigen und der Schaffung von unabhängigen, optimierten Diagnose- und Behandlungsmethoden entgegenwirken.

Aber wie sollen wir sonst die langen Fahrten und langen Schlangen mit ihren Wartekosten für Patienten und Dienstleister abschaffen, um den Diagnose- und Behandlungsprozess Patienten- anstelle von Dienstleisterfokussiert zu gestalten? Und wie sollen wir sonst die Gesundheitsbranche zu einer wettbewerbsfähigeren Branche machen, in der Ärzte mit Erstkontakt eine Auswahl an optimierten Diagnose- und Behandlungswegen für Patienten mit einer Kosten/Preis-Überlegung aufzeigen?

Nehmen wir an, dies wäre umgesetzt und alle Schritte sind aneinandergereiht, mit einer Übergabe des HMO an den optimierten Diagnoseprozess. Wir können das Einsparpotenzial durch Auflisten der notwendigen Schritte für die einfache Diagnose unseres Beispiels aufzeigen.

Durch das Übersetzen dieser Schritte in eine Konsumenten- und Dienstleisterprozessabbildung und das Einfärben der wertschaffenden Zeit (die echte Diagnosezeit) können wir sehen, dass der Anteil der wertschaffenden Zeit für den Patienten und den Dienstleister nun knapp 75 % beträgt (Schlanker Prozess: Optimierte Diagnose).

Das sieht in der Darstellung einfach aus, würde aber etliche schwierige Handlungen erfordern. Die medizinischen Geräte würden verlagert und wann immer möglich größenangepasst werden müssen, um eine einfachere Handhabung in einem optimierten Behandlungsweg zu ermöglichen. Das Aktenhandling müsste vereinfacht werden und das Weiterleiten zwischen dem zuständigen HMO und dem optimierten Diagnose- und Behandlungsteam beschleunigt werden. Zudem müsste das medizinische Personal umfassender ausgebildet werden und flexibler sein, damit auch wenige Angestellte eine ganze Reihe von Schritten ausführen können. Im Gegensatz dazu ist eine medizinische Einrichtung heute so konzipiert, dass Angestellte oft für einen einzigen Schritt verantwortlich sind.

Aufgrund des absehbaren Widerstands derzeitiger Manager und der Bedrohung für bestehende Systeme ist dies eher eine Aufgabe für Entrepreneure denn für traditionelle Manager, ganz gleich wie stark diese Person auch den „Lean Methoden" zugewandt ist. Entrepreneure sind bereits diesen Weg gegangen, insbesondere dort, wo man sich nicht gleich mit dem Gesamtsystem anlegt, wie bspw. bei Laseroperationen der Augen oder bei Leistenbruchoperationen. Es schein lediglich eine Frage der Größe, um diese etablierten Konzepte auf herausfordernde Bereiche auszudehnen.

**Schritte und Zeit des Patienten**

|    | Schritte                                                                    | Zeit    |
|----|-----------------------------------------------------------------------------|---------|
| 1  | Anruf HMO, um Problem zu diskutieren und Besuchstermin zu vereinbaren        | 5 min.  |
| 2  | Fahrt zum Termin                                                            | 5 min.  |
| 3  | Parken                                                                       | 2 min.  |
| 4  | Fußweg zur Praxis                                                            | 2 min.  |
| 5  | Treffen mit Spezialist und Terminvereinbarung                                | 20 min. |
| 6  | Fahrt zur spezialisierten Diagnosestätte                                     | 15 min. |
| 7  | Parken                                                                       | 2 min.  |
| 8  | Fußweg zum Termin                                                            | 2 min.  |
| 9  | Diagnose mit ununterbrochener Abfolge der Einzelschritte                     | 30 min. |
| 10 | Diskussion der Ergebnisse und nächsten Schritte                              | 5 min.  |
| 11 | Heimweg (gehen/fahren)                                                       | 20 min. |
| **Gesamtdauer** | | **1 Std. 48 min.** |
| **Behandlungszeit (wertschaffende Zeit)** | | **55 min.** |
| **Anzahl Schritte** | | **11 Schritte** |

**Schritte und Zeit des Dienstleisters**

| | Schritte | Zeit |
|---|---|---|
| 1 | Beantwortung des Patientenanrufs und Besuchsterminvereinbarung | 5 min. |
| 2 | Abruf der medizinischen Akten, um Besuch vorzubereiten | 1 min. |
| 3 | „Einchecken" und Treffen des Spezialisten mit Patienten | 25 min. |
| 4 | Spezialist notiert Falldetails | 10 min. |
| 5 | Vorbereitung und diagnostische Untersuchung | 40 min. |
| 6 | Besprechung der Befunde und der nächsten Schritte | 5 min. |
| 7 | Notieren von Ergebnissen und Teilen der Aufzeichnungen mit HMO | 10 min. |
| | **Gesamtdauer** | **1 Std. 36 min.** |
| | **Behandlungszeit (wertschaffende Zeit)** | **1 Std. 5 min.** |
| | **Anzahl Schritte** | **7 Schritte** |

Wenn Sie an die 3 Ansätze (konventionell, erweitert, optimiert) denken: Sind dies alle möglichen Lösungen? Wie bei den meisten Problemen heißt die Antwort Nein. Ein anderer Weg, den etliche Innovatoren verfolgen, ist der der zugeschnittenen persönlichen Kapitalgüter in Kombination mit internetbasierten Informationen und Expertensystemen. Ziel ist es hier, dass Patienten zunehmend zuhause selbstständig ihre Diagnose stellen können, indem sie eine der vielen Ausrüstungen nutzen, die derzeit angeboten werden. Dazu sind auch Eigenbehandlungen angedacht, wie Dialyse im häuslichen Bereich. Natürlich sind auch Kombinationen aus optimierten Behandlungswegen und den Gesundheitsanwendungen im häuslichen Bereich möglich.

Das Ziel der Prozessgrafiken und Lösungsmatrizen ist nicht herauszustellen, welche Möglichkeiten funktionieren, und noch weniger, welche sich durchsetzen. Ganz im Gegenteil: Das Ziel ist es, eine entscheidende und konsistente Methode zum Suchen von neuen Möglichkeiten bereitzustellen. Wann immer diese Methode benutzt wird, werden sich garantiert ernstzunehmende Möglichkeiten oder sogar sofort umsetzbare Möglichkeiten ergeben.

**Aufgaben**

1. Zeichnen Sie eine Dienstleistungsblaupause für den optimierten Diagnoseweg basierend auf den Angaben der letzten beiden Tabellen im Text. (Für die grafische Darstellung können Sie sich an der Abbildung „Bitte Warten: Der konventionelle Konsumprozess zur Diagnose" orientieren.)

   a. Färben Sie die wertschaffenden Prozessschritte ein.

   b. Berechnen Sie die Zeit der wertschaffenden und der nicht wertschaffenden Prozessschritte und notieren Sie diese.

   c. Übersetzen Sie nun das Ergebnis in das Format der Lösungsmatrix und zeichnen sie auch die Lösungsmatrix des konventionellen Prozesses ein. (Auch hier können Sie sich grafisch wieder an der Lösungsmatrix des konventionellen Prozesses orientieren)

   d. Welches sind die Momente der Wahrheit?

   e. Leiten Sie für die Momente der Wahrheit kundendefinierte Standards ab. Erstellen Sie eine Tabelle. Gehen Sie dabei wie folgt vor:

## 10.5 Krankenkasse – Employer Branding bei der Techniker Krankenkasse (TK)[10]

Die Gesundheitsbranche ist im Umbruch. Auf der einen Seite nehmen die Bundesbürger die Möglichkeit des Krankenkassenwechsels – unterstützt durch den zunehmenden Werbedruck insbesondere der gesetzlichen Krankenkassen – immer mehr wahr. Wie untenstehende Grafik zeigt, liegen die Kündigungsraten der Krankenkassenmitglieder meist bei 1-1,5 %, können aber auch durchaus über 6 % betragen. Hauptkündigungsgrund der Mitglieder von Krankenkassen ist der unzureichende Service. Für einen exzellenten Service bedarf es exzellenter Mitarbeiter. Und um diese anzulocken, an sich zu binden und weiterzuentwickeln, bedarf es einer starken Marke oder, neudeutsch, dem Employer Branding.

Abbildung 49:   Kündigungsmanagement in deutschen Krankenversicherungen (Quelle: Büschken & Gropp 2005)

Reicht es, einfach nur besser zu sein? Ein ambitionierter Arbeitgeber hat sich dieser Frage gestellt. Einer, der vier Mal in Folge beim Wettbewerb Great Place to Work unter den Top 3 gelandet ist: Die Techniker Krankenkasse (TK). Dort hat man früh erkannt, dass ein nachhaltig erfolgreicher Arbeitgeber nicht für alle und jeden attraktiv sein muss. Vielmehr gilt es, die kulturell am besten passenden Kandidaten zu erreichen – im Fall der TK stehen vor allem Auszubildende als Kernzielgruppe im Mittelpunkt des Interesses.

---

[10] Die Fallstudie basiert überwiegend auf DEBA (2010): Employer Branding Case Study TK, Deutsche Employer Branding Akademie, Berlin.

Als gesetzlicher Versicherer ist die TK allgemein bekannt. Immer wieder wird sie mit zahlreichen Preisen als ein Vorreiter unter den Krankenkassen gewürdigt. Im Arbeitsmarkt hingegen kann die TK ihre Bekanntheit noch ausbauen. Wichtig ist es, dabei zu vermitteln, dass die Arbeit bei der TK wenig gemein hat mit dem überkommenen Image der Krankenkassen. Die gelten gerade bei Schul- und Hochschulabsolventen als Verwaltungsapparate und damit als bestenfalls mäßig attraktiv.

Die TK hingegen versteht sich als gestaltende Kraft im deutschen Gesundheitswesen. Sie hat Ambitionen, bewegt sich, strebt voran. Daraus resultiert eine Energie, die spürbar ist im Unternehmen und auf bestimmte Persönlichkeiten einen großen Reiz ausübt. Dies erklärt vielleicht die bemerkenswert hohe Loyalität der TK-Mitarbeiter. Nach innen wie nach außen will sich die TK als authentische, wertebasierte Arbeitgebermarke positionieren: Man liebt Klartext, belohnt Leistung und nimmt das Heft des Handelns in die Hand.

Abbildung 50:    Positionierungsansatz der TK (Quelle: DEBA 2010, 2)

Neben einem klaren Positionierungsansatz umfasst das TK Employer Branding auch folgendes Positioning Statement:

Ganz vorne ist es richtig spannend.
Das macht uns stolz und treibt uns an.
Techniker Krankenkasse:
Wir lieben Klartext und halten Wort.
Wir schätzen den Wandel.
Und arbeiten hier aus voller Überzeugung.

Abbildung 51:    TK Positioning Statement (Quelle: DEBA 2010, 2)

Für jede Zielgruppe sind andere Aspekte der Positionierung besonders relevant. Deshalb gibt es jeweils eigene Kernbotschaften – die jedoch alle auf die eine Arbeitgebermarke einzahlen.

**Azubis**
Vom Start weg in bester Position
Sinnvolles für die Menschen leisten und dabei die Weichen für den Erfolg der Zukunft stellen – mit der TK, die immer wieder den Maßstab setzt.

**Studierende**
Krankenkasse von einer neuen Seite entdecken
Erleben, wie die TK als gestaltende Kraft für ein besseres Gesundheitswesen im Spannungsfeld von Gesellschaft, Politik und Wirtschaft agiert.

**Absolventen**
Vorne einsteigen mit einem Gefühl für das Richtige
Gestalten, frische Ideen einbringen und loslegen – mit Drive und beflügelt von der TK, zeigen, was man kann.

**Berufserfahrene**
Abseits des Gewohnten mehr bewirken
Neu entdecken, was die spannenden Seiten an der eigenen Arbeit sind, und im Team der TK ein sinnvolles, ehrliches Produkt vorantreiben – offen, kraftvoll und geradeheraus.

Abbildung 52:    TK Kernbotschaften (Quelle: DEBA 2010, 2)

Von welchem Spirit sollten Menschen erfüllt sein, die zum Arbeitgeber TK passen? Das Kreativkonzept nimmt die Frage wörtlich und vermittelt im Text den Cultural Fit.

Abbildung 53:    TK Mitarbeiterkreativkonzept „Wortmensch" (Quelle: DEBA 2010, 2)

**Sind Sie das? – Der Blick in den Spiegel des Cultural Fit**

Interview mit Nils Becker (Projektleiter Employer Branding TK)

*Herr Becker, wissen Sie noch, wo Sie Ihren ersten Arbeitstag bei der TK verbracht haben?*

Aber sicher. Das war in Berlin, bei der DEBA [Deutsche Employer Branding Akademie]. Mein Einstieg bei der TK fiel genau in die Zeit, als wir unser Employer Branding Projekt auf die Schiene brachten. Die Führungskräfte im Personalmanagement haben dies stark unterstützt. So haben wir uns frühzeitig als Arbeitgeber positioniert, während andere noch versuchten, ihre Claims abzustecken. Dieser Vorsprung kommt uns heute zugute, denn die Stellenbesetzung beginnt, schwieriger zu werden.

*In welchen Bereichen?*

Vor allem bei den Auszubildenden – denn die guten werden weniger. Erstens aus demografischen Gründen, zweitens wegen der Ausbildungsfähigkeit, die auf breiter Front nachlässt, und drittens wegen der Konkurrenz, zu denen Krankenkassen, aber auch Banken und die öffentliche Verwaltung zählen. Hinzu kommt das vermeintlich langweilige Image der von uns angebotenen Lehrberufe, etwa Sozialversicherungsfachangestellter oder Kaufmann im Gesundheitswesen. Vordergründig klingt das nicht wirklich spannend.

*Aber eben nur vordergründig ...*

... weil wir gar kein dröger Verwaltungsapparat sind, sondern viel dynamischer und gestaltungsfreudiger, als Außenstehende es bislang ahnen. Wir wollen daher ein neues, ebenso attraktives wie authentisches Bild unserer Arbeit nach außen vermitteln. Dazu haben wir aber erst einmal in das Unternehmen hineingehört. Der identitätsbasierte Ansatz zum Employer Branding war dafür der ideale Weg. Besonders wichtig war uns zu erfahren, wie die TK als Arbeitgeber von den eigenen Mitarbeitern wahrgenommen wird. Wir sind ganz offen an die Analyse herangegangen. Dabei ist es uns gelungen, versteckte Potenziale aufzuspüren und unser Arbeitgeberprofil zu schärfen. Als wir dann erste Zwischenergebnisse intern kommunizierten, bekamen wir viel Zuspruch von allen Seiten.

*Auch von den Corporate-Branding-Verantwortlichen?*

In denen hatten wir von Beginn an echte Mitstreiter gefunden. Durch kontinuierliche, enge Abstimmung mit dem Markenkern der Unternehmensmarke haben wir das Vertrauen gestärkt, dass unter unserer Federführung keine Parallelmarke entsteht.

*Wie steht denn Ihr Vorstand zum neuen Employer Branding?*

Unser Vorstand hat uns einen großen Vertrauensvorschuss geschenkt. Wir hatten freie Hand für die Entwicklung. Erst mit dem fertigen Kreativkonzept in der Hand sind wir zum Vorstand gegangen. Möglich war das nur, weil wir auf die Ergebnisqualität bauen konnten – nicht zuletzt dank des Prozessmodells der DEBA. Tatsächlich fiel das Votum unseres Vorstands rundum positiv aus. Überzeugend war, wie gut der Arbeitgeberauftritt zu Unternehmen und Marke TK passt. Und dass die Positionierung von innen heraus entwickelt wurde. Auch die externe Marktforschung hat auf diesen identitätsbasierten Ansatz sehr positiv reagiert. Mit dieser Ermutigung im Gepäck haben wir im November 2009 einen Test beim Absolventen-Kongress gestartet – also bewusst noch nicht bei der

Hauptzielgruppe Azubis, sondern bei Hochschulabsolventen. Ein Erfolg auf ganzer Linie.

*Setzt sich dies auch im Unternehmen fort?*

Absolut, da können sie hier jeden Kollegen fragen. Viele bestätigen von sich aus, dass der Arbeitgeberauftritt mit ihrer Sicht auf die TK übereinstimmt. In einigen Bereichsleiterbüros hängen bspw. Poster mit unserem Key Visual, der Text-Silhouette des ‚Wortmenschen'. Zu dem Motiv bekommen wir ständig Anfragen oder Anregungen. Die einen möchten Aufkleber, die anderen Schlüsselanhänger. Inzwischen ist der Wortmensch zu einem regelrechten „Markenbotschafter" geworden. Extern, aber eben auch in der internen Implementierung.

*Was hätten Sie im Rückblick lieber anders gemacht?*

Unser Weg war, absolut selbsterhrlich unser kulturelles Selbstverständnis zu definieren und die strategisch stichhaltigen Aspekte zum Maßstab für unser Verhalten zu machen. Daran würde ich ebenso wenig etwas ändern, wie an unserer Art, diesen Cultural Fit als Filterkriterium zu kommunizieren. Dann soll jeder für sich die Frage beantworten, die den Text unserer Personalanzeigen abschließt: Sind Sie das? Finden Sie sich wieder in dem, was wir da beschreiben? Wenn ich das so Revue passieren lasse … was würde ich anders machen? Ganz ehrlich? Nichts.

Zur TK: „Die TK ist die modernste und leistungsfähigste Krankenkasse Deutschlands." Dieses Leitbild prägt die Unternehmenskultur der TK. Es bestimmt ihren Umgang mit 7,4 Millionen Versicherten und 11.500 Beschäftigten an über 200 Standorten. Ihre Arbeit hat der TK zahlreiche Preise und den Ruf als Deutschlands beste Krankenkasse (Preis des Deutschen Instituts für Service-Qualität – Focus Money 47/2009) eingebracht – und den eines hervorragenden Arbeitgebers. So zeigte die letzte Mitarbeiterbefragung: Neun von zehn Angestellte sind mit der TK als Arbeitgeber überaus zufrieden. Aus diesem Grund ist das Traditionsunternehmen mit über 125-jähriger Geschichte mehrfach als einer der besten Arbeitgeber Deutschlands von „Great Place to Work" ausgezeichnet worden.

**Aufgaben**

1. Welche(n) GAP(s) versucht die TK mit dem Employer-Branding-Ansatz insbesondere zu vermeiden?

2. Zeichnen Sie das Dienstleistungsmarketingdreieck. Mit welchen/r Kante(n) oder Ecke(n) befasst sich das/die relevanten GAP(s) insbesondere? Belegen Sie dies durch Stichworte aus der Fallstudie.

3. Aus welchen Quadranten besteht das Schema mitarbeiterbezogene Maßnahmen zur Erhöhung der Dienstleistungsqualität?
   a. Bei welchen/m der 4 Quadranten spielt das „Employer Branding" eine wichtige Rolle? Belegen Sie Ihre Auswahl mit passenden Zitaten aus dem Text.

# 11 Lösungen zum Übungsteil

Die Lösungen sind Musterlösungen. Je nach Aufgabenstellung können auch hiervon abweichende Lösungen möglich sein.

## 11.1 Physiotherapie – Physiotherapiepraxis Physiofittt

*Lösungen zu den Aufgaben*

1. Die Dienstleistung „Physiotherapeutische Behandlung" ist bei Erstbehandlung in etwa bei der ärztlichen Diagnose einzuordnen. Hier dominiert die Vertrauensqualität. Die darauffolgenden Behandlungen sind aufgrund der zumeist wiederkehrenden Behandlung eher in Richtung Erfahrungsqualität anzusiedeln, etwa zwischen „Friseur" und „Zahnbehandlung".

2. Top zwei Kundenerwartungen innerhalb der Punkte von Frau Eisenhardt: „Eine **aufmerksame und freundliche Therapeutin**, eine **gute Behandlungsqualität**, die Dauer der Behandlung, ein angemessener Preis für die ‚Nicht-Rezept-Patienten', eine nette Atmosphäre, Flexibilität bei der Behandlung und Terminvergabe, eine gute Beratung, eine rasche Terminvergabe, kurze Wartezeiten, aber auch Dinge wie einfache Erreichbarkeit und die Ausstattung der Praxis sind nicht ganz unwichtig."

Oft ist als Maßnahme, um die erwünschte/akzeptierte Dienstleistung zu ermitteln, das Gespräch der Therapeutin mit dem Patienten die beste Form.

**Aufmerksame und freundliche Therapeutin.**
- Wie fühlen Sie sich zurzeit? Sind Sie unter Zeitdruck?
- Welche Erwartungen und persönlichen Bedürfnisse haben Sie an die Behandlung?
- Wie sind Sie auf uns als Praxis aufmerksam geworden und weshalb haben Sie sich für uns entschieden?

**Gute Behandlungsqualität**
- Bei uns dauert ein Behandlung X Minuten. Zunächst führen wir einen Befund durch, dann beginnen wir mit der Therapie und ich erläutere Ihnen parallel den Therapieansatz. Fragen Sie mich gerne bei Unklarheiten.
- Auf welcher Schmerzskala von 1 (kein Schmerz) bis 10 (extremer Schmerz) würden Sie Ihre Beschwerden einordnen?
- Was könnte ich aus Ihrer Sicht bei der nächsten Behandlung noch verbessern?

3. Um zum Fragebogen von Lisa kritisch Stellung zu nehmen, sollte überprüft werden, ob typische Bereiche der Kundenerwartungen auch abgefragt wurden. Zudem ist der Vergleich mit etablierten Bewertungsansätzen – wie dem vorgestellten Servicebarometer – hilfreich.

Folgende Punkte sollte die Überprüfung umfassen:
- o Welche Bedeutung hat die Behandlung für Sie?
- o Fragen zu Vertrauensqualität (warum wurde diese Praxis ausgewählt, auf Empfehlung?)
- o Erfahrungsqualität (wie oft bereits besucht)?
- o Welche Erwartungen haben Sie an die Behandlung/DL an sich?
- o DL-Qualität
- o Produkt, Preis
- o situative und persönliche Faktoren
- o typische negative Erfahrungen mit Anbieter(n)
- o Womit kann/könnte der Anbieter Sie positiv überraschen?
- o Abgleich mit Kernbereichen von servicebarometer.net, um sich vergleichen zu können:
  - ▪ **Penetration:** Kundenanteile einer Branche bzw. eines Anbieters im Bereich der privaten Endverbraucher
  - ▪ **Kundenzufriedenheit:** Global und im Detail über verschiedene branchenspezifische Leistungsbestandteile, Zufriedenheitsgründe

- **Kundenbindung:** z. B. Dauer der Kundenbeziehung, Wiederkauf- und Wiederwahlabsicht, Cross-Buying-Absicht, Weiterempfehlungsabsicht
- **Wettbewerbsvorteile/Wettbewerbsvergleich**
- **Kontakt:** z. B. Kontaktart, Kontakthäufigkeit und Kontaktqualität
- **Beschwerden:** z. B. Häufigkeit, Gründe, Bearbeitung
- **Nutzungsverhalten:** z. B. Nutzungshäufigkeit, Absatzwege, Kauffrequenz, Einkaufsbeträge
  o Ausgewählte Fragestellungen:
  - **Globalzufriedenheit:** „Wie zufrieden sind Sie mit den Leistungen von diesem (hauptsächlich genutzten) Anbieter insgesamt? Sind Sie vollkommen zufrieden, sehr zufrieden, zufrieden, weniger zufrieden oder unzufrieden?"
  - **Weiterempfehlungsabsicht:** „Werden Sie diesen Anbieter an Freunde oder Bekannte weiterempfehlen?"
  - **Wiederkauf-/Wiederwahlabsicht:** „Werden Sie bei Bedarf wieder bei diesem Anbieter Leistungen nachfragen?"
  - **Wettbewerbsvorteile:** „Glauben Sie, dass Ihnen dieser Anbieter mehr Vorteile bietet als andere Anbieter, die für Sie in Frage kommen?"
  - **Cross-Buying-Absicht:** „Werden Sie über die bisherigen Leistungen hinaus noch andere Leistungen dieses Anbieters nutzen?"

4. Der Kundenzufriedenheitsindex gewichtet die Antworten aus den Fragebögen und errechnet einen Gesamtzufriedenheitswert. Dabei kann dem Smiley „sehr zufrieden" bspw. der Wert eins und dem Smiley „sehr unzufrieden" der Wert fünf zugeordnet werden.
Für Frage 1 „Qualität der Behandlung" ergibt sich dann bspw. bei „zufrieden" der Wert 2, welcher bspw. mit dem angegebenen Wert der Wichtigkeit 1 zum Wert 2 multipliziert wird.

Da der Fragebogen von Lisa nicht ideal ist, ist die Zuordnung der Einzelteile nicht eindeutig. Untenstehend finden Sie eine mögliche Zuordnung.

Zuverlässigkeit: Frage 4
Entgegenkommen: Fragen 3, 5, 10
Souveränität: Frage 6
Einfühlung: Fragen 3, 7, 8
Greifbares: Frage 15

Dienstleistungsqualität (errechnet aus obigem und als Globalabfrage aus Frage 1)

Produktqualität: Fragen 9, 11, 12

Preis: Frage 2
Situative Faktoren: Fragen 13, 14, 16
Persönliche Faktoren: Frage 18

Globale Fragen: Frage 17, 19,

5. Welche/n Empfehlungen/Rat würden Sie der Praxisleitung geben, um die Kundenzufriedenheit zu verbessern?
   - Überarbeitung des Fragebogens
   - Auswertung nach Kundengruppen, bspw. nach Alter und Geschlecht
   - Positionierung der Praxis mittels der 7Ps. Die als „sehr wichtig" und „wichtig" eingestuften Faktoren für die Kundenzufriedenheit müssen fokussiert werden. Der Großteil des Praxisbudgets sollte hierfür bereitgestellt werden.
   - Turnusmäßige Wiederholung der Kundenzufriedenheitsumfrage.

## 11.2 Medizintechnik – Laparoskopie im Wandel?

*Lösungen zu den Aufgaben*

1. Die 4. Dimension, die Technologie.

2. GAP 1.

3. a) Patient, Chirurg, Kunde, Krankenhaus, Krankenkasse, Medizintechnikunternehmen

   b)

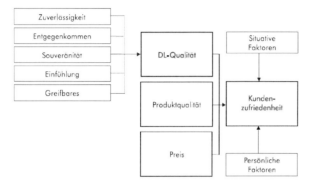

Abbildung 54:  Kundenwahrnehmung, Qualität und Kundenzufriedenheit (Quelle: Zeithaml et al. 2006, 107)

4. **DL-Qualität:** Arzt (auch Medizintechnikunternehmen, bspw. Zuverlässigkeit durch intuitive Nutzerführung des Instrumentes bzw. Instrumentenschulung)

   **Produktqualität:** Medizintechnik-Unternehmen

   **Preis:** Medizintechnikunternehmen und Krankenkasse

   **Situative Faktoren:** Krankenhaus

   **Persönliche Faktoren:** Patient

5. a) Die Lösung zeigt das Beispiel der Kameraoptik.

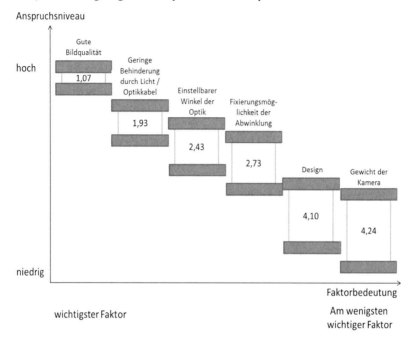

Abbildung 55:  Eigenschaften und Toleranzzonen Kameraoptik (Quelle: Eigene Darstellung)

b) Internes Messsystem, d.h. Ableiten von messbaren Min- und Maxwerten der Toleranzzonen.

6. a) Aufgrund der unterschiedlichen Beteiligten müsste die Werbebotschaft sowohl auf den Anwender (Chirurg) als auch auf den Patienten ausgerichtet sein. Der Chirurg wählt das Instrument, der informierte Patient häufig die Institution aufgrund der Methodik.

**Wirkungskette:**

Instrumentenhersteller → Chirurg und Patient → Nachfragewirkung auf Krankenhaus und Chirurg → Nachfrage nach Instrumenten an Instrumentenhersteller

b) Aufbauend auf Erfahrungsqualität anderer Patienten, die glaubhaft schildern, dass die Single-Port-Laparoskopie bei ihrer OP zu einem chirurgisch einwandfreien und ästhetisch schönen (nur eine kleine Narbe) Ergebnis geführt hat. Darüber Aufbau von Nachfrage auf Patientenseite, die sich in Krankenhäusern/bei Chirurgen operieren lassen, welche Single-Port-Technik anwenden. Dadurch größere Nachfrage nach Single-Port-Lösungen (Instrumente, Trokare, Kameras).

## 11.3 Online-Gesundheitsdienstleistung – Das Portal www.gib-darmkrebs-keine-chance.de

*Lösungen zu den Aufgaben*

1.

Abbildung 56:   GDKC konzentriert sich auf die Wertschöpfungsschritte Marketing und Vertrieb sowie Service (Quelle: Eigene Darstellung)

2. Die Grafik zeigt die Bestandteile einer Dienstleistungsblaupause.

Abbildung 57:    Bestandteile einer Dienstleistungsblaupause (Quelle: Zeithaml et al. 2006, 267)

3.

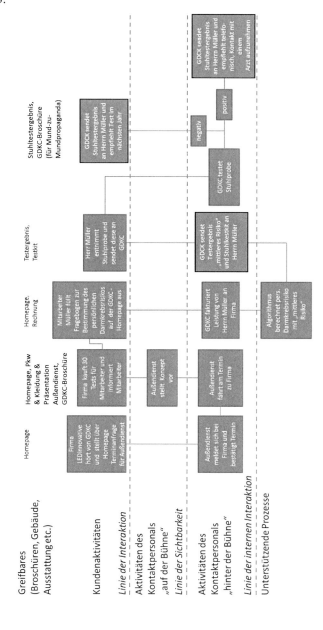

Abbildung 58:    DL-Blaupause der Firma LEDinnovative (Quelle: Eigene Darstellung)

4. Die Prozessschritte bei der Linie der Interaktion in der Dienstleistungsblaupause unter 3.

5. Die Dienstleistungsblaupause kann folgenden Nutzen bringen:

- Die DL-Blaupause verschafft einen Überblick und ermöglicht es, eine Dienstleistung als Ganzes zu sehen, wobei die vorherrschende Perspektive die des Kunden ist.

- Sie hilft dabei, Fehler zu identifizieren und deckt Problemstellen in der Wertschöpfungskette auf. Sie kann so Bestandteil eines Prozesses der kontinuierlichen Verbesserung (KVP) sein.

- Die Linie der Interaktion zwischen (externen) Kunden und Angestellten veranschaulicht die Positionierung des Kunden und macht deutlich, wo die kritischen Prozesse, die die Kundenzufriedenheit betreffen, ablaufen.

- Die Linie der Sichtbarkeit stellt eine bewusste Entscheidung des Dienstleisters darüber dar, was der Kunde sehen soll und welche Mitarbeiter in Kontakt mit den Kunden treten sollen.

- Die Linie der internen Interaktion zeigt die Schnittstellen zwischen den Abteilungen auf und gibt an, welche Prozessabläufe und Kommunikationsstrukturen zu beachten sind.

- Die DL-Blaupause regt strategische Überlegungen an, indem sie die Elemente und deren Verknüpfung aufzeigt, die eine Dienstleistung ausmachen. Sie trägt damit zu einer ganzheitlichen Sicht bei und ermöglicht allen Beteiligten, sich selbst und andere in die Prozessabläufe einordnen zu können. Das erleichtert Planungsprozesse und interne Qualitätsdiskussionen.

- Sie liefert eine Basis für die Kostenrechnung durch eine leichtere Identifizierung von Kosten, Einnahmen und Investitionen, bezogen auf jedes einzelne Element der Dienstleistung.

- Sie bildet eine rationale Grundlage für externes und internes Marketing, indem sie den Werbefachleuten aufzeigt, was die Dienstleistung in ihrer Substanz ausmacht, die sie bewerben sollen.

- Sie ermöglicht sowohl einen „top-down"- als auch einen „bottom-up"-Ansatz für Qualitätsverbesserungsmaßnahmen.

## 11.4 Arztbesuch im Ausland – „Gewöhnlicher Arztbesuch in den USA"

*Lösungen zu den Aufgaben*

1. Die Grafik umfasst die Lösung für Aufgabe 1, inklusive der Teile a und b.

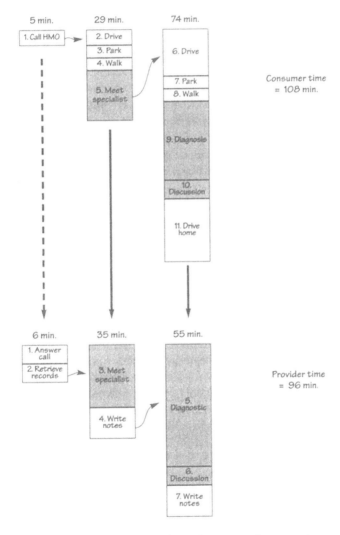

Abbildung 59:   Schlanker Prozess: Optimierte Diagnose (Quelle: Womack & Jones 2005, 250)

c. Anmerkung: Der erweiterte Prozess ist zum Vergleich dargestellt.

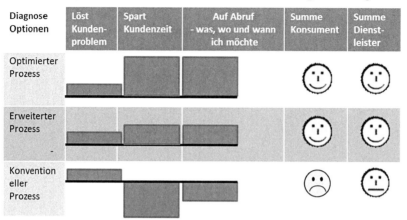

| Diagnose Optionen | Löst Kundenproblem | Spart Kundenzeit | Auf Abruf - was, wo und wann ich möchte | Summe Konsument | Summe Dienstleister |
|---|---|---|---|---|---|

Abbildung 60: Vergleichende Lösungsmatrix (Quelle: Eigene Darstellung; basierend auf: Womack & Jones 2005, 251)

d. Momente der Wahrheit sind: Call HMO, Meet Specialist, Diagnosis, Discussion.

e. Die folgende Tabelle zeigt exemplarische kundendefinierte Standards.

| Momente der Wahrheit | Hauptkunden- erwartung | „Weicher" / harter Standard | Messgröße / Ziele | Rückkopplung / Überprüfung |
|---|---|---|---|---|
| Call HMO | Schnelles, einfühlsames Gespräch | Hart und weich | • Rufannahme in max. 30 Sek.<br>• Terminvereinbarung in max. 4 Min.<br>• „Anrufer fühlt sich verstanden" | Testanrufe bspw. alle 2 Wochen – je nach Aufkommen |
| Meet Specialist | **Einfühlsamer und souveräner Erstbe- fund** | Weich | Patient fühlt sich:<br>• „ernstgenommen"<br>• „in guten Händen" | **Patientenbefragung, ob Ziele erreicht bspw. 1x Monat** |
| Diagnosis | Zuverlässiger Endbefund | Hart | • Befund positiv/negativ<br>• Erkrankung X | Rückkopplung mit Schritt „Spezialist" für verbesserte Ersteinschätzung |
| Discussion | Souveräner, einfühlsamer Vorschlag der medizinischen Behandlung / der nächsten Schritte | Weich und hart | Patient<br>• hat Befund „verstanden"<br>• Kennt Auswirkungen der Erkrankung<br>• Hat Kenntnis von den möglichen Gegenmaßnahmen<br>• Erhält „seine, spezifische" Therapieempfehlung | **Patientenbefragung, ob Ziele erreicht Dokumentation Therapieverlauf und Rückkopplung mit Schritt „Diagnose"** |

Abbildung 61: Kundendefinierte Standards (Quelle: Eigene Darstellung)

## 11.5 Krankenkasse – Employer Branding bei der Techniker Krankenkasse (TK)

*Lösungen zu den Aufgaben*

1. GAP 3 und GAP 4.

2.

**GAP 3:** Ecke Mitarbeiter (Employee). Dies strahlt auch auf die beiden an die Ecken angrenzenden Kanten „Interaktives Marketing" (Preis des Deutschen Instituts für Service-Qualität) und „Internes Marketing" (Positioning Statement) ab.

**GAP 4:** Das Management adressiert auch die Kante „Externes Marketing" (Wortmensch und TK-Kernbotschaften).

3. Die untenstehende Abbildung enthält die vier Quadranten.

a. **Einstellung der richtigen Mitarbeiter** (insbes. Bekanntheit als Wunscharbeitgeber),

- „vier Mal in Folge beim Wettbewerb <u>Great Place to Work</u> unter den Top 3…"
- „Für jede <u>Zielgruppe</u> sind andere Aspekte der Positionierung besonders relevant. Deshalb gibt es jeweils eigene Kernbotschaften"
- Wortmensch <u>„Cultural Fit"</u>
- „frühzeitig als <u>Arbeitgeber positioniert,</u> während andere noch versuchen, ihre Claims abzustecken"
- „Vor allem bei den <u>Auszubildenden</u> – denn die guten werden weniger"

**Bindung der besten Mitarbeiter** an das Unternehmen (insbes. Einbeziehung der MA in die Unternehmensvision)

- „Dazu haben wir aber erst einmal in das Unternehmen hineingehört [...] wie die TK als Arbeitgeber von den eigenen Mitarbeitern wahrgenommen wird."
- „Und dass die Positionierung von innen heraus entwickelt wurde."
- „Zu dem Motiv bekommen wir ständig Anfragen oder Anregungen."

.

# Quellenverzeichnis

## Bücher und Artikel

**Anderson C.** (2009): The Long Tail: Nischenprodukte statt Massenmarkt. Deutscher Taschenbuch Verlag GmbH & Co. KG, München.

**Bachem C.** (2008): Der multioptionale Kunde im Web, in: Torsten Schwarz: Leitfaden Online Marketing, 2. Aufl. marketing-BÖRSE GmbH, Waghäusel, 24-30.

**Back A., Gronau N., Tochtermann K.** (2009): Web 2.0 in der Unternehmenspraxis. Oldenburg Wissenschaftsverlag, München.

**Benkenstein M., Uhrich S.** (2010): Dienstleistungsbeziehungen im Gesundheitswesen. Ein Überblick zum Konzept „Shared Decision Making" in der Arzt-Patienten-Interaktion, in: Georgi, D./Hadwich, K. (Hrsg.): Management von Kundenbeziehungen. Perspektiven – Analysen – Strategien – Instrumente, Wiesbaden, 431-452.

**Berry L., Parasuraman A.** (1992): Service-Marketing – Wettbe-werbsvorsprung durch erstklassige Qualität, Campus Verlag, Frankfurt/New York.

**Berry L., Parasuraman A.** (1998): Wie Servicewünsche genau erfasst werden, in: Harvard Business Manager 3/1998.

**Bieger T.** (1998): Dienstleistungs-Management, Einführung in Strategien und Prozesse bei persönlichen Dienstleistungen. Verlag Paul Haupt, Bern/Stuttgart/Wien.

**Bienert M. L.** (2004): Marktorientierung und Strategiefindung. Ein Leitfaden für Gesundheitsunternehmen zur erfolgreichen Positionierung im Wettbewerb, in: Hellmann W. (Hrsg.): Krankenhausmanagement professionell, Landsberg/Lech.

**Bromm T., Amthor A.** (2008): Web Analytics – Web Controlling, in: Torsten Schwarz (Hrsg.): Leitfaden Online Marketing, 2. Aufl. marketing-BÖRSE GmbH, Waghäusel, 566-577.

**Bruhn M., Meffert H.** (1998): Handbuch Dienstleistungsmanagement. Betriebswirtschaftlicher Verlag Dr. Th. Gabler GmbH, Wiesbaden.

**Elste F.** (2004): Marketing und Werbung in der Medizin. Erfolgreiche Strategien für Praxis, Klinik und Krankenhaus, Springer, Wien.

**Ennker J., Pietrowski D.** (2009): Krankenhausmarketing. Ein Wegweiser aus ärztlicher Perspektive,Steinkopf Verlag, Heidelberg.

**Fauser S.** (2010): Dienstleistungsmanagement 2.0. ibidem-Verlag, Stuttgart.

**Gisi R.** (2007): Dienstleistungsmarketing – Relative Qualität zur Kundenerwartung. KMU-Magazin Nr. 8, Oktober 2007.

**Hassdenteufel U.** (2001): Aufgaben und Instrumente eines Qualitätsmanagements beim Einkauf von Dienstleistungen – dargestellt am Beispiel des Einkaufs logistischer Dienstleistungen. Grin – Verlag für akademische Texte, München.

**Homburg C., Werner H.** (1997): Mitarbeiterorientierung und Kundenzufriedenheit (SM-Skript: GAP 3 – das Leistungsproblem).

**Jarvis J.** (2009): What would Google do? Harper Collins Publishers, New York.

**Jobber D.** (2004): Principles and Practice of Marketing. 4. Aufl., McGraw-Hill, London.

**Klein K.** (2011): Single Port Chirurgie in der Laparoskopie. Eine Analyse des medizinischen und wirtschaftlichen Potentials im deutschsprachigen Raum, European School of Business, Reutlingen (unveröffentlicht).

**Knappe M., Kracklauer A.** (2000): Verkaufschance Web 2.0. Betriebswirtschaftlicher Verlag Th. Gabler. GWV Fachverlage GmbH, Wiesbaden.

**Koch M., Richter A.** (2009): Enterprise 2.0: Planung, Einführung und erfolgreicher Einsatz von Social Software in Unternehmen. 2. Aufl., Oldenbourg Wissenschaftsverlag, München.

**Kösters A.** (2008): Erfolgsfaktoren von Partnerprogrammen, in: Torsten Schwarz (Hrsg.): Leitfaden Online Marketing, 2. Aufl. marketing-BÖRSE GmbH, Waghäusel, 387-410.

**Kotler P., Bliemel F.** (2001): Marketing-Management. Analyse, Planung, Umsetzung und Steuerung. 10. Aufl., Schäffer-Poeschel, Stuttgart.

**Linzbach M., Ruß A., Ohmann Ch.** (2001): Das Internet als Instrument der Veränderung in der Medizin, in: Kreyher V. J. (Hrsg.): Handbuch Gesundheits- und Medizinmarketing. Chancen, Strategien und Erfolgsfaktoren, Heidelberg, 133-141.

**Lovelock C., Wirtz J.** (2007): Services Marketing: People, Technology, Strategy. 6. Aufl. Pearson Education International, Prentice Hall.

**Meffert H.** (2009): Marketing. Auf die marktorientierte Führung kommt es an, in: Meffert H. (Hrsg.): Erfolgreich mit den Großen des Marketings, Frankfurt/Main, 9-18.

**Meffert H., Burmann C., Kirchgeorg M.** (2008): Marketing. Grundlagen marktorientierter Unternehmensführung. Konzepte – Instrumente – Praxisbeispiele, 10. Aufl., Springer, Wiesbaden.

**Meffert H., Rohn F.** (2011): Healthcare Marketing – Eine kritische Reflexion. Marketing Review St. Gallen, 2011 (6), 8-15.

**OECD** (2010a): Factbook Economic, Environmental and Social Statistics. OECD-Publishing, Paris.

**OECD** (2010b): Value for Money in Health Spending. OECD-Publishing, Paris.

**Oehme S., Oehme W.** (2001): Marketing für ärztliche Leistungen, in: Kreyher V. J. (Hrsg.): Handbuch Gesundheits- und Medizinmarketing. Chancen, Strategien und Erfolgsfaktoren, Heidelberg, 365-388.

**Niess P., Baumeister H-P., Holm J-M.** (2006a): Servicemanagement: Grundlagen. Europäische Fernhochschule Hamburg.

**Niess P., Baumeister H-P., Holm J-M.** (2006b): Servicemanagement: Kundenorientierung und Qualitätssicherung. Europäische Fernhochschule Hamburg.

**Niess P., Baumeister H-P., Holm J-M.** (2006c): Servicemanagement: Umsetzung und Marketingkommunikation. Europäische Fernhochschule Hamburg.

**Palmer A.** (1994): Principles of Services Marketing. McGraw Hill Publishing Company, Berkshire.

**Parasuraman A., Zeithaml V.A., Berry L.L.** (1985): A conceptual model of service quality and its implications for future research. Journal of Marketing, 49(4), 41-50.

**Pepels W.** (2005): Servicemanagement. Merkur Verlag, Rinteln.

**Peppers D., Rogers M.** (2008): Beware perception is reality, in: Sales and Marketing Management 120(5), 12. Datenbank: Business Source Premier.

**Piercy N., Morgan N.** (1991): Internal marketing book – the missing half of the marketing programme. Long Range Planning 24 (2), 82-93.

**Reinecke S. et al.** (2011): Einfluss des Marketing – Löwen brauchen nicht zu brüllen, Universität St. Gallen.

**Rensmann J.** (2008): Content Syndication mittels RSS, in: Torsten Schwarz (Hrsg.): Leitfaden Online Marketing, 2. Aufl., marketing-BÖRSE GmbH, Waghäusel, 241-246.

**Rippmann K., Hoffmann L.** (2005): Die Leistungsgestaltung erfolgt durch geplante Behandlungsabläufe und Behandlungsstufen, in: Vetter, U./Hoffmann, L.: Leistungsmanagement im Krankenhaus: G-DRGs, Stuttgart, 93-106.

**Romberg T., Happel H-L.** (2009): Wiquila, Woogle, TeamWeaver: Wikis integriert in der Unternehmenslandschaft. Atlassian User Conference Düsseldorf.

**Scheuer T.** (2005): Marketing für Dienstleister – wie Sie unsichtbare Dienstleistungen erfolgreich vermarkten. Gabler Verlag, Wiesbaden.

**Schwarz T.** (2008): Leitfaden Online Marketing, 2. Aufl. marketing-BÖRSE GmbH, Waghäusel.

**Spiegel B.** (2000): Fordern, Fördern, Feedback geben.

**Thaler R., Sunstein C.** (2009): Nudge: Wie man kluge Entscheidungen anstößt. Econ Verlag, Berlin.

**Thielscher C., Jäschke T., Sommerhoff P.** (2010): Web-2.0-Anwendungen und Krankenhausmarketing, in: Das Krankenhaus, 2010, Nr. 5, 419-425.

**Töpfer A.** (1999): Kundenzufriedenheit messen und steigern. 2. Auflage. Luchterhand, Berlin.

**Trill R.** (2009): eHealth, in: Trill R. (Hrsg.): Handbuch eHealth. Von der Idee zur Umsetzung, Stuttgart, 52-63.

**Venohr B.** (1996): Kundenbindungsmanagement als strategisches Unternehmensziel, in: Versicherungswirtschaft 6/1996, 365-368.

**Wartenpfuhl B.** (2010): Der Nutzen der systemischen Denkfigur in der Organisationsentwicklung gemeinsamer Assessmentverfahren im Prozess des Case Managements, in: Brinkmann, V. (Hrsg.): Case-Management. Organisationsentwicklung und Change-Management in Gesundheits- und Sozialunternehmen, 2. Aufl., Wiesbaden, 325-341.

**Weislämle V.** (2005): Das GAP-Modell der Dienstleistungsqualität. Lörrach.

**Zeithaml V., Bitner M.** (2002): Services-Marketing. 3. Aufl., McGraw Hill Higher Edition, New York.

**Zeithaml V., Bitner M., Gremler D.** (2006): Services Marketing- Integrating Customer Focus across the firm. 4. Aufl., McGraw-Hill, New York.

# Internetquellen

**Bessette G.** (2002): Communication et participation communautaire Guide pratique de communication participative pour le développement - III. Les outils : Utiliser les outils de communications avec une approche participative, Les Presses de l'Université Laval/CRDI 2004, in : http://www.idrc.ca/uploads/use rS/11606757941Fiche05_Medias.pdf (Zuletzt besucht 30.6.2010)

**Better-Com IT-Services** (2002): Express-Kommunikation mit Instant Messaging – Schneller, zielorientierter und effektiver kommunizieren. 07. Juni 2002, in: http://www.bettercom.de/misc/im-whitepaper.pdf (Zuletzt besucht 12.7.2010)

**BG Consultant** (2010): Resoudre une problematique de communicaton externe, in: http://bg-consultant.com/formation-en-communication-grands-comptes/Res oudre-une-problematique-de-communication-externe.html (Zuletzt besucht 31.7.2010)

**Bialek C.** (2009): Apple hat die stärkste Fanggemeinde, in: Handelsblatt, http://www.handelsblatt.com (Zuletzt besucht: 22.6.2010)

**Ciccarelli D.** (2006): Web 2.0 Definition, in: http://blogs.voices.com/thebiz/w eb_20/ (Zuletzt besucht 2.8.2010)

**Cox A.** (2007): Basic Definitions Web 1.0, Web 2.0, Web 3.0, in: http://www.practicalecommerce.com/articles/464-Basic-Definitions-Web-1-0-Web-2-0-Web-3-0 (Zuletzt besucht 6.6.2010)

**Daimler** (2010): Daimler Blog, in: http://blog.daimler.de/2008/12/29/umfrage-wer-sind-unsere-leser/ (Zuletzt besucht 10.7.2010)

**DeinGuterRuf** (2010): Ideenbewertung, in: http://blog.deinguterruf.de/2009/1 0/neues-produkt-premium-suche-web.html (Zuletzt besucht 29.7.2010)

**Denkmotor** (2010): Ideenportfolio, in: http://www.denkmotor.com (Zuletzt besucht 29.7.2010)

**DMVÖ** (2010): Definition Hotline. Dialog Marketing Verband Österreich, in: http://www.dmvoe.at/services/glossar/glossar/h.html (Zuletzt besucht 3.8.2010)

**Dugé J.** (2008): Les outils du Web 2.0, in: http://jdugue.blog.free.fr/index.php/ta g/outils/ (Zuletzt besucht 8.6.2010)

**EFQM** (2011): Das neue EFQM Modell, in: https://de.dqs-ul.com/dqs-newslett er-februar-2010/das-neue-efqm-modell-2010.html (Zuletzt besucht 15.01.2011).

**eMarketer** (2009): McKinsey Studie – Web 2.0 Anwendungen wirken positiv aufs Business, in: http://www.perspektive-mittelstand.de/McKinsey-Studie-We b-20-Anwendungenwirken-positiv-aufs-Business/management-wissen/2935.h tml (Zuletzt besucht 1.7.2010)

**Fittkau & Maaß Consulting** (2008): Potentiale von Corporate Blogs als Onli ne-Marketingplattform, in: http://www.w3b.org/web-20/potentiale-von-corporat e-blogs-als-onlinemarketingplattform.html (Zuletzt besucht 7.6.2010)

**Gabler Wirtschaftslexikon** (2009): http://www.wirtschaftslexikon.gabler.de (Zuletzt besucht 22.6.2010)

**Gabler Wirtschaftslexikon** (2010): Definition Umfrage, in: http://wirtschaftsle xikon.gabler.de/Definition/umfrage.html (Zuletzt besucht 9.7.2010)

**Germann R., Scherer R., Simon M.** (2010): Was ist Insurance Market Screen, in: http://www.clientresponse.ch/philosophie.asp (Zuletzt besucht 20.7.2010)

**Grossnickle J.** (2005): RSS-Crossing the Mainstream, in: yahoo.com/rss/RS S_whitePaper1004.pdf (Zuletzt besucht 3.8.2010).

**Guerilla Marketing** (2006): Viral Marketing – Sekt oder Selters, in: http://guerillamarketingbuch.com/category/15-viral-marketing/ (Zuletzt besucht 28.6.2010)

**Hammerdeals** (2010): Schematische Darstellung der Ticket-Systeme, in: http://www.hammerdeals.de/download/htm/db-ticket.htm (Zuletzt besucht 9.7.2010)

**Haufe Personal** (2009): Premium Tool: GAP-Analyse zur Kundenzufriedenheit, Lohn und Gehalt. 21.08.2009, Freiburg, in: http://www.haufe.de/perso nal/newsDetails?newsID=1218008353.36&chorid=00560203 (Zuletzt besucht 29.11.2009)

**Hays** (2010): Gewinnspiel, in: http://www.hayscareer.net/web/ (Zuletzt besucht 29.7.2010)

**Horx M.** (2010): Allgemeine Megatrends bis 2050, in: http://www.zukunftsinst itut.de/verlag/studien_detail.php?nr=64#kurzinfo (Zuletzt besucht 7.7.2010)

**IT Wissen** (2010): Definition E-Learning, in: http://www.itwissen.info/definit ion/lexikon/E-Learning-eLearning-electronic-learning.html (Zuletzt besucht 31.7.2010)

**Kommunikationsglossar** (2009): Brand Building, in: http://www.kommun ikationsglossar.de/de/glossar/brand_building.html (Zuletzt besucht 6.7.2010)

**Leisenberg M.** (2008): Soziale Netze und Web 2.0 – Chance für die Marktforschung, in: Computerwoche, 09.06.2008. http://www.computerwoche.de/1 866180 (Zuletzt besucht 4.8.2010)

**Lobo S.** (2009): Der private Blog von Sascha Lobo, in: http://saschalobo.com/ (Zuletzt besucht 2.7.2010)

**Löwer C.** (2009): Kontakt auf allen Kanälen, in: Handelsblatt, http://www.han delsblatt.com (Zuletzt besucht 22.6.2010)

**Marketing Lexikon** (2010): Definition Reklamation, in: http://www.marke ting.ch/lexikon_detail.asp?id=960 (Zuletzt besucht 9.7.2010)

**Mercedes Benz** (2010): http://www3.mercedes-benz.com/mbcom_v4/xx/po dcast/en.html (Zuletzt besucht 29.7.2010)

**NDR** (2007): Perfekte Verpackung – Die Werbung im Internet, in: http://www3.ndr.de/sendungen/zapp/archiv/internet/zapp1278.html (Zuletzt besucht 8.6.2010)

**O'Reilly T.** (2005): What is Web 2.0, in: http://oreilly.com/pub/a/web2/archiv e/what-isweb-20.html?page=1 (Zuletzt besucht 2.7.2010)

**Ölschläger G.** (2010): Mashups im Unternehmenseinsatz, in: http://www.it-director.de/startseite/detailansicht-brennpunkt/artikel/98/mashups-im-unterne hmenseinsatz-1.html (Zuletzt besucht 31.07.2010)

**OnPulson Wirtschaftslexikon** (2009a): Kundenerwartung, in: http://www.on pulson.de/lexikon/2725/kundenerwartung/) (Zuletzt besucht 6.7.2010)

**OnPulson Wirtschaftslexikon** (2009b): Brand Building, in: http://www.on pulson.de/lexikon/571/brand-building/ (Zuletzt besucht 6.7.2010)

**Oziel C., Levin A.J.** (2007): Web 2.0 : le client mène le jeu. Marketing Direct N°110 – 01.04.2007, in: http://www.emarketing.fr/Magazines/Consult Article.asp?ID_Article=20835&iPage=1 (Zuletzt besucht 31.07.2010)

**Podcastexperten** (2010): Podcastnewsletterbeispiele, in: http://www.podcast experten.de/ (Zuletzt besucht 31.7.2010)

**Raum 21** (2010): Nachhaltige webbasierte Lösungen für die interne und externe Kommunikation von Unternehmen, in: http://www.raum-21.de/nachhaltige-inno vative-loesungen-web-internet.html (Zuletzt besucht 31.7.2010)

**RWI** (2011): Krankenhaus Rating Report 2011: Auf deutsche Krankenhäuser kommen magere Jahre zu, in: http://www.rwi-essen.de/presse/mitteilung/61/ (Zuletzt besucht 18.05.11)

**Salvermoser C.** (2009): Frische Ideen kommen vom Kunden, in: Handelsblatt, http://www.handelsblatt.com (Zuletzt besucht 24.6.2010)

**Schmid S.** (2009): http://internettechniknetzwerktechnik.suite101.de/article.c fm/web_1_2_oder_30 (Zuletzt besucht 12.7.2010)

**Statistisches Landesamt Baden-Württemberg** (2011) Gesundheitswirtschaft und Wertschöpfungsansatz nach WZ2008, in: http://www.statistik.baden-wuerttemberg.de/Veroeffentl/Monatshefte/essay.asp?xYear=2011&xMonth=0 5&eNr=08 (Zuletzt besucht 04.08.2012)

**Stevens R.** (2006): Web Watch 2.0, in: Direct, (12), S. 39&40, http://www.directmag.com (Zuletzt besucht 22.6.2010)

**StudiVZ** (2009): Die VZWerbefabrik, in: http://www.studivz.net/l/advertising (Zuletzt besucht 23.6.2010)

**Stuttgarter Zeitung** (2011): Roboter im Pflegeheim, in: http://www.stuttgarter-zeitung.de/inhalt.stuttgart-roboter-im-pflegeheim.d0c9a7dd-9438-49b7-801a-bdfd13ece1ce.html (Zuletzt besucht 15.07.2011)

**Töchterle W.** (2009): Endalive Tourismusmanagement und Webmarketing, in: http://www.blog.endalive.com/ (Zuletzt besucht 3.8.2010)

**Uni Heidelberg** (2005): Corporate Identity im Internet, in: http://archiv.ub.uni heidelberg.de/volltextserver/volltexte/2005/5215/pdf/07_B.I_S.68_S.142.pdf (Zuletzt besucht 6.8.2010)

**Völlm P.** (2001): Werbung – eine Einführung in die theoretischen Grundlagen, in: http://www.voellm.ch/PVW-Werbung.pdf (Zuletzt besucht 20.7.2010)

**Web2null** (2010): Special Bookmarks im Unternehmen, in: http://web2null.two day.net/ (Zuletzt besucht 3.8.2010)

**YouTube** (2008): Virales Marketing am Beispiel Dove, in: http://www.youtu be.com/watch?v=QQkN6koApg0 (Zuletzt besucht 4.8.2010)

**YouTube** (2010): TUI Video, in: http://www.youtube.com/watch?v=tjFUjpjrT-U (Zuletzt besucht 10.7.2010)

Simon G. Fauser

## Dienstleistungsmanagement

# 2.0

Wie Web-2.0-Instrumente helfen, das Dienstleistungsmanagement zu verbessern

190 Seiten, Hardcover. **€ 39,90**

ISBN 978-3-8382-0171-9

Rolf Baumanns

**Unternehmenserfolg durch betriebliches Gesundheitsmanagement**

Nutzen für Unternehmen und Mitarbeiter

Eine Evaluation

€ 39,90
ISBN 978-3-8382-0035-4

Weltweit verzeichnen Dienstleistungen einen steilen Anstieg. Neben neuen Dienstleistungsunternehmen bieten auch zunehmend Industrieunternehmen Dienstleistungen rund um ihre Produkte an. Somit wird professionelles Dienstleistungsmanagement zum Muss für nahezu jedes Unternehmen. Globale Trends wie "Connectivity", Globalisierung oder Mobilität führen außerdem zu einer stürmischen Weiterentwicklung der Informationstechnologie. Ein Resultat ist das Web 2.0, das sich rasant in alle Lebensbereiche hinein ausbreitet.

Damit stellt sich für Manager von Dienstleistungen aus Industrie und Service die Frage, ob bisherige Dienstleistungsinstrumente einschließlich der Nutzung des ‚herkömmlichen' Internet ("Web 1.0") noch ausreichen können, um kundenorientiertes Dienstleistungsmanagement zu betreiben.

Inwieweit helfen Web-2.0-Instrumente wie Microblogs (Twitter) oder Videoportale (Youtube), das Dienstleistungsmanagement zu verbessern?

Pierre Reiter

**Das Ganzheitliche Betriebliche Gesundheitsmanagement im Krankenhaus**

Standortbestimmung und Handlungsempfehlungen für die Einführung und Umsetzung

€ 29,90
ISBN 978-3-8382-0279-2

Simon G. Fauser gibt in seinem Buch klare Antworten. Anhand des GAP-Modells der Dienstleistungsqualität bewertet er, wie Web-2.0-Instrumente maßgeblich dazu beitragen, die Dienstleistungsqualität und Kundenzufriedenheit zu verbessern. Nach einer Einführung zu Web 2.0 und dem GAP-Modell ("gap" - "Lücke") bewertet er Schritt für Schritt bzw. GAP für GAP die Web-2.0-Instrumente und gibt in der Folge wertvolle praxisnahe Hinweise zur Einbindung von Web-2.0-Instrumenten ins Dienstleistungsmanagement.

*ibidem*-Verlag

Melchiorstr. 15

D-70439 Stuttgart

info@ibidem-verlag.de

www.ibidem-verlag.de
www.ibidem.eu
www.edition-noema.de
www.autorenbetreuung.de